Hrsg. Manuela Samel und Andreas Chiduck

Joshuas Märchenreich

MASOU-Verlag

Erstausgabe 2016

MASOU-Verlag UG
Copyright © MASOU-Verlag UG
Cover und Illustrationen: © Irka Scüller
Lektorat: Angela Hochwimmer
Druck: Frick Kreativbüro & Onlinedruckerei e.K.
ISBN: 978-3-944648-64-4

*Dieses Buch ist Joshua gewidmet
und allen Kindern - ob groß oder klein - die gerne ins
Reich der Fantasie und der Märchen reisen.*

Joshuas Traum

Joshua war 18 Jahre alt, als er an Leberkrebs im Friedel-Orth-Hospiz in Jever verstarb. Er hatte sich ganz bewusst für das „Erwachsenenhospiz" in Jever entschieden, damit er seiner Familie, Freunden und Bekannten möglichst nahe sein konnte.
Bevor er 2012 seinem Krebsleiden erlag, wünschte er sich ein Hospiz für Kinder und Jugendliche in der Region, damit Familien, denen es ähnlich ergeht, ein zweites Zuhause finden, ohne weit fahren zu müssen. Das war sein Traum, bevor er starb.
Die „Mission Lebenshaus gGmbH", eine 100-prozentige Tochtergesellschaft des Vereins für Innere Mission in Bremen, hatte sich bereits mit dem Gedanken beschäftigt, inwiefern ein Kinderhospiz in der Region sinnvoll und umsetzbar sei. Bei der tieferen Recherche kristallisierte sich immer stärker heraus: Joshuas Traum kann Realität werden.
Im November 2013 wurde als ein weiterer Schritt der „Förderverein Kinder- und Jugendhospiz Joshuas Engelreich" gegründet, der Spenden für die laufenden Kosten des Kinderhospizes einwirbt.
Joshuas Wunsch wird ihm mit dem „Angelika Reichelt Kinder- und Jugendhospiz Joshuas Engelreich" nun erfüllt. Das Hospiz trägt deshalb auch mit seinen Namen, denn er ist trotz seines Versterbens mentaler Mitinitiator des Hospizes.
Seine Mutter glaubt, dass Joshua sehr stolz gewesen wäre zu erfahren, dass sein Traum nun in Erfüllung geht.

Es war einmal ...
ein Morgenmän, der ganz besonders gern Märchen mag. Wirklich! Schon als kleiner Junge fand ich es toll, mich in eine Höhle aus Bettdecken zu verkriechen und ein Märchen zu hören
– auf Schallplatte oder Kassette, oder am allerliebsten vorgelesen von meiner Mama.

Ich habe mich herrlich gegruselt und gefürchtet und das immer glückliche Ende herbeigesehnt. Wie gern wollte ich auch mal mit Frau Holle die Kissen aufschütteln – und wie enttäuscht war ich, als ich irgendwann erkennen musste, dass die Meteorologen ihre »Schneewahrscheinlichkeit« ganz ohne die Dame mit den Federbetten machen konnten.

Niemals wollte ich eine der Prinzessinnen sein – das war mehr der Traum meiner Schwester. Kein Fasching verging, ohne dass sie als Dornröschen (mit Stoffrosen), Schneewittchen (mit Plastikapfel), Rapunzel (mit schwerem Zopf) oder Aschenputtel (mit einer Dose Linsen) ging. Ich versuchte mich als gestiefelter Kater mit roten Gummistiefeln oder auch als Rumpelstilzchen – wobei mich hier einige Freunde mit einem Zwerg von Schneewittchen verwechselten. Was für ein Durcheinander.

Märchen nachzuspielen war herrlich. Wir waren wie in einer anderen Welt, bunt ausstaffiert und voller Elan, Prinzessinnen zu retten oder ihnen an den Kragen zu wollen. Die im Hintergrund dudelnde Platte war unser Drehbuch und mehr als einmal fiel ein Möbelstück der wilden Schlacht durch die Dornenhecke oder der Flucht vor dem bösen Wolf zum Opfer.

Und immer wieder war es eine durch und durch böse Frau, Stiefmutter oder Fee, die der armen Prinzessin das Leben schwer machte. Selbst bei Hänsel und Gretel war es die Mutter, die die Kinder fortschickte. An dieser Stelle danke ich meiner Mama! Sie wird sich beim Vorlesen manches Mal gefragt haben, ob diese Geschichten nun wirklich kindgerecht waren.

Ich jedenfalls tue es, wenn mein Sohn Gustav, heute stolze vier Jahre alt, nach einem Märchen verlangt. Offensichtlich haben Kinder so eine ganz natürliche Filterfunktion, die in der eigenen Fantasie die Grausamkeit der Geschichte ausblendet und nur noch die Geschichte selbst ins Innere vordringen lässt. Oder auch die Logik aktiviert, beispielsweise bei der Frage, wie die Bremer Stadtmusikanten sich nun wirklich aufeinander gestapelt haben, ohne dass die Katzenkrallen dem Hund den Rücken zerkratzten. Oder wie Rapunzel sich ihre gefühlt 12 Meter langen Haare jemals waschen konnte, ohne richtiges Badezimmer im Turm.

Und seien wir mal ehrlich: Wir haben doch alle mal versucht, auf einer Erbse zu schlafen und dabei feststellen müssen, dass wir selbst durch nur eine einzige Matratze nichts – aber wirklich gar nichts merken. Oder Kreide genascht, um unsere Stimme anders klingen zu lassen wie der Wolf, der die Geißlein fressen wollte. Aber nie, garantiert niemals habe ich mir gewünscht, wie der Kaiser mit den neuen Kleidern nackt durch die Stadt zu marschieren. Nein, was hätte ich mich geschämt!!!

Diesem Märchenbuch wünsche ich abschließend den größtmöglichen Erfolg – nicht nur, weil es für einen wirklich wertvollen und wichtigen Zweck geschrieben wurde, sondern auch, weil Kinder Märchen brauchen, damit sie fantasievolle Erwachsene werden können.

Und ich lebe jetzt weiter glücklich bis ans Ende meiner Tage.

Euer ffn-Morgenmän Franky

Vorwort

Wenn langsam in der Dämmerung die am Boden verankerten, runden Lichter an der Kaiser-Wilhelm-Brücke ausgehen und die ersten Strandkörbe aufgeschlossen werden. Wenn die vielen kleinen Läden in der Südstadt ihre Jalousien hochziehen, die Menschen genüsslich die Deichbrücke überqueren und in Richtung Südstrand oder Banter See schlendern und sich dabei der Himmel in ein angenehmes Dunkelrot bis Orange färbt. Wenn sich die einzigen weißen Farbtupfer, die zu beobachten sind, als Möwen entpuppen, die gespannt die ersten Essensreste ausspähen, dann erwacht Wilhelmshaven wieder zum Leben und ein neuer Tag geht in die nächste Runde.
An dieser Stelle muss ich mich wohl als großer Wilhelmshaven-Verehrer outen. Dabei liegt es nicht einzig und allein an der Jadebucht oder an den vielen Klinkerbauten, sondern vielmehr an den Einwohnern, die Wilhelmshaven wie ein Mosaik zu dem machen, was es ist. Ein herzlicher Ort, an dem man mit offenen Armen empfangen wird. Eine Kleinstadt, bei der man das Privileg genießt, niemals in der Innenstadt zu schlendern, ohne ein bekanntes Gesicht zu grüßen. Aus diesem Grund ist es mir persönlich immer eine große Freude, Projekte in dieser besonderen Stadt unterstützen zu dürfen. Zuletzt als Jury-Mitglied bei dem „Blende Eins Kurzfilmfestival". Auch sitzt die Filmproduktionsfirma „puzzle pictures", die mein Buch „Sternenreiter" verfilmt, ebenfalls in der Stadt. Unabhängig von Wilhelmshaven unterstütze ich seit 2011 die Kinderhilfsorganisation „Ein Herz für Kinder". Umso mehr kann man meine Freude nachvollziehen, auch dieses Mal bei einer echten Herzensangelegenheit in einer meiner Lieblingsstädte mitzuwirken.

Das Besondere für mich an dieser Stelle ist auch die Geschichte des „Angelika Reichelt Kinder- und Jugendhospiz Joshuas Engelreich"; dass sich ein 18-jähriger Junge ein solches Kinder- und Jugendhospiz gewünscht hat und dieser Wunsch nach seinem Tod tatsächlich verwirklicht wurde, ergreift mich als Geschichtenerzähler umso mehr. Solche kleinen Wunder braucht unsere Gesellschaft. Den Glauben, dass mit gemeinsamer Kraft Berge versetzt werden können und Träume, an die man ganz fest glaubt, auch früher oder später in Erfüllung gehen. Mich hat Joshuas Traum sehr berührt. Erinnert er mich doch sehr an den „kleinen Jungen" aus meinem modernen Märchen „Sternenreiter". Daher freue ich mich, mit der Kurzgeschichte, auf der das moderne Märchen „Sternenreiter: Kleine Sterne leuchten ewig" basiert, einen kleinen Teil beitragen zu können, um dieses wichtige Herzensprojekt zu unterstützen.

Jando

Von kleinen Königen, Prinzessinen ohne Krone und tapferen Prinzen

Der kleine König - ein Weihnachtsmärchen mit Huhn

Monika Holstein

Es war Winter geworden im Reich des kleinen Königs, der Schnee hatte lustige Hütchen auf die Zinnen des Königsschlosses getupft und die Pferde wirbelten glitzernde Staubwolken auf in ihrem geschäftigen Treiben. Die Mittagsstunde hatte geläutet, das Gesinde schnatterte im emsigen Tun, jedes dahingesagte Wort schwebte davon an einem silbrigen Wölkchen.

Ein friedliches Bild, die Kamine rauchten und es duftete herrlich nach Gebratenem und Gesottenem aus der höfischen Küche.

Der Koch legte eilig letzte Hand an; alsbald würden Platten und Töpfe, Tiegel und Näpfchen dem König zum Gaumenschmaus gereicht werden. Kein leichtes Unterfangen, wie jedermann wusste bei Hofe. Der König, ein gefürchteter Feinschmecker, duldete keine Unze eines Zuviel an Gewürz oder eines Zuwenig an Finesse. Beides wurde mit großer Strenge geahndet. Es bedurfte vieler Köche übers Jahr, und keiner blieb lange im Schloss ohne Schimpf und Schande über den Töpfen.

An jenem Tage hatte den König schon beim Erwachen wieder ein kleiner Verdruss geplagt, mühsam wühlte er sich aus den weichen Felldecken und schlüpfte in seine Pantöffelchen. Die Krone verrutscht, mit gezaustem Haar, taperte er alsbald hin und her im Morgenrock aus rotem Samt.

Eine Frage trieb ihn wieder und wieder um seit dem Einschlafen vergangene Nacht und er fand keine Antwort darauf.

»Was«, so murmelte er unentwegt in seinen königlichen Bart, »ist wohl der kostbarste Schatz auf der Welt, wie kann ich ihn finden und wie viele Silberlinge könnte er mir eintragen in meine Schatulle?«

Niemand konnte ihm helfen in dieser Frage, man hatte schon längst nach Spezialisten und weisen Männern geschickt, Geografen und Doktoren waren von weither gekommen mit gerollten Landkarten und dicken, staubigen Büchern. Die Antwort aber, sie blieb einfach aus.

Der König wurde darüber immer unleidlicher. Von Tag zu Tag schien seine Nase spitzer, die Stirn in tiefen Falten. Der Gedanke, jemand könne ihm zuvorkommen und den kostbarsten Schatz vor ihm sein Eigen nennen, brachte ihn schier um den Verstand und nahm ihm den Appetit. Alles Glück schien ihn zu verlassen in dieser wichtigsten Frage und er hockte viele Stunden in seiner Schatzkammer auf Hügeln von Silberlingen und Pokalen aus feinstem Gold.

Nach und nach, ganz schleichend und leise, verlor er alle Freude, und ein jedes Lustigsein am Hofe war ihm ein Graus. Das Singen wurde durch strengen Erlass verboten, selbst das Lachen in den Straßen war nicht mehr gestattet. Ein grauer, undurchdringlicher Schleier hatte sich über den ganzen Hofstaat gesenkt, eine Düsternis, die jeden erfasste, der sich arglos dem Schloss zu nähern trachtete.

Eines Tages, es war um den Weihnachtstag, machte sich eine arme Magd auf den Weg in das ferne Schloss; sie wollte eines ihrer Hühner verkaufen bei Hofe und versprach sich davon einen guten Preis. Der Weg war mühsam und sie fror im Tiefschnee des Waldes. Als ihre Kräfte sie fast schon verließen, erblickte sie in der Ferne die weit aufragenden Türme des Schlosses und ihr Herz pochte vor Glück. Die Wärme am Hoffeuer und die lustigen Gesänge der Marktfrauen würden ihre Mühe wie immer mehr als lohnen.

Doch die Freude hielt nur wenige Schritte, sie spürte bald den fremd-eisigen Hauch über dem Land, alles Leben schien dort entwichen. Traurig zog sie das gackernde Huhn über das Eis und bot es leise am kargen Feuer feil.

»Heda, Weib«, tönte es wenig später recht unsanft von hinten.

»Was tust du da?«

Die Magd schrak tüchtig zusammen und staunte nicht schlecht. Denn vor ihr stand der wohl seltsamste König, den die Welt je gesehen hatte. Mit verwurschteltem Hermelinmantel quer über den Schultern, die lockige Perücke seltsam verrutscht, hatte er wohl sein Beinkleid vergessen in der Mühsal des Denkens. Er gab ein lustiges Bild ab mit seinem wollenen Unterzeug und rotkalter Nase. Niemand wagte zu lachen, ein kleines Glucksen huschte verschreckt durch die Gassen und versteckte sich hinter mächtigen Holztüren, denn der König verstand keinen Spaß.

«Majestät, ich …« Die Magd fiel in einen tiefen Knicks und gab sich große Mühe, nicht plötzlich loszuprusten. Dem König verschlug es die Sprache; so wenig Respekt und Ernsthaftigkeit war ihm schon lange nicht mehr begegnet. Er starrte die kichernde Magd zunächst voller Zorn, dann immer ratloser an. Denn sie konnte einfach nicht aufhören zu lachen, so sehr erheiterte sie der Anblick seiner seltsamen Gestalt.

Längst war auch sein Hofstaat der Versuchung lang im Zaume gehaltener Lachkobolde erlegen, die kullerten aus allen Ecken und Verstecken des bebenden Schlosses. Selbst der vornehme Herold wälzte sich haltlos im Tiefschnee und gab grunzende Laute von sich, nichts war so ansteckend wie das schallende Lachen jener namenlosen Hühnermagd am Weihnachtstag.

Eine kleine Einsamkeit beschlich den erstarrten Herrscher, wie er so königsernst in seinem kratzigen Unterkleid den lachenden Wogen zu trotzen versuchte. Bis auch er es spürte, erst ganz leise tief drinnen, ein feines Blubbern wie von Champagnerbläschen. Unhaltbar wurden sie schon einen Wimpernschlag später, Fontänen von Heiterkeit rissen ihn mit und ließen ihn lachen, als gäbe es kein Morgen. Er vermochte kaum nach Luft zu schnappen; wie ein gestrandeter Riesenfisch paddelte er in einer Schneewehe, bis des Winters Nacht hereinbrach über dem Schloss. Ein paar Livrierte schafften ihn und die Magd schließlich hinfort und beide schliefen schier endlos, bis fast eine Woche von selbst verging.

Am siebten Tage erwachte er endlich, die lustige Magd hatte ihm bereits ein kräftiges Frühstück bereitet und wartete am Kopfende ergeben auf das vermutete königliche Donnerwetter. Doch es blieb aus.

Die Vögel hatten über die Tage begonnen, ihr Frühlingslied zu proben und die Sonne kitzelte den König an der Nase. Es nieste beherzt, und kaum sah er die Magd, begann er schon wieder zu kichern. »Du machst mir Spaß«, brummelte er in seinen Bart. »Ich glaube, ich habe eine taugliche Antwort gefunden auf die Frage nach dem wertvollsten Schatz auf der Welt.«

»So?«, die Magd beeilte sich, gut zuzuhören, denn sie wollte diesen wichtigen Moment nicht verpassen.

»Nun«, - fast schien es, als sei der mächtige König ein bisschen verlegen, denn er senkte die Stimme, als verkünde er ein kleines Geheimnis. »Der größte Schatz dieser Welt muss einer sein, der sich stets verdoppelt, wenn man ihn mit seinem Entdecker teilt. Sonst lohnt der Fund schließlich nicht. Der größte Schatz dieser Welt muss also die Freude selbst sein, das Glück, so zu lachen wie du mit dem Huhn.«

Lassen wir den König und die kleine Magd ein wenig allein unter ihrem samtenen Baldachin mit dieser Erkenntnis, die so überraschend über das Reich kam, wie es doch sonst nur die Unwetter tun.

Die Tage sind kurz in des Winters eisiger Regentschaft, deshalb sei das Ende behänd noch erzählt: Der König und die kleine Magd bewahrten das glückliche Lachen in der goldenen Schatulle bei Hofe auf; ein jeder sollte daran erinnert werden, wann immer es ging. Er hielt beizeiten mit bebendem Herzen um ihre Hand an und die beiden lebten glücklich bis ans selige Ende ihrer reich gesegneten Tage.

Berühmt ist das Königreich bis heute für die Zucht der begehrten glücklichen Hühner und für seine Nationalhymne, die von Gelehrten in alle Sprachen der Welt übertragen wurde: »Froh zu sein bedarf es wenig – und wer froh ist – ist ein König.«

Prinzessin ohne Krone

Ragnar Guba

Einst lebte in einem kleinen Königreich, nicht weit von hier, ein Königspaar mit ihrer Tochter, der Prinzessin Klara. Sie wurde nur Prinzessin Ohnekrone genannt, denn das Königreich war so arm, dass sich nur der König und die Königin eine Krone leisten konnten. Die Abgaben der Bauern waren gering, denn auch sie sollten noch genug zum Leben haben.

Als die Prinzessin noch klein war, erklärten ihre Eltern ihr liebevoll, warum das Königreich so arm ist und warum sie keine Krone für die Prinzessin haben. Aber je älter sie wurde, umso größer wurde ihr Wunsch, eine eigene Krone zu besitzen. Nachts schlich sie sich heimlich in das königliche Schlafgemach und probierte die kleine Krone ihrer Mutter auf. Sie sah gut aus zwischen ihren dunkelblonden lockigen langen Haaren. Ihr Spiegelbild gefiel ihr. Das war aber nicht so wie eine eigene auf dem Kopf zu tragen. Es machte Prinzessin Klara traurig und sie überlegte, was sie dagegen machen könnte.

Als sie endlich achtzehn war, sagte sie zu ihren Eltern:
»Ich werde in die weite Welt gehen und mir eine eigene Krone suchen. Und dann kehre ich wieder heim zu euch.«
»Wie willst du sie denn finden? Und wie bezahlen ohne Geld? Du hast doch hier alles, und später, wenn du Königin wirst, bekommst du die Krone deiner Mutter«, sagte der König.
»Aber Vater, ihr beiden werdet noch sehr lange unser Land regie-

ren. Ich möchte aber nicht warten und jetzt schon eine eigene Prinzessinnenkrone haben. Ihr könnt mich nicht davon abbringen«, entgegnete die Prinzessin Klara.

»Eine Krone ist doch nicht wichtig. Du bist gesund und glücklich hier bei uns«, versuchte die Königin, sie zu beruhigen.

»Ja, ich bin gesund. Glücklich bin ich jedoch erst mit einer eigenen Krone. Morgen werde ich losziehen«, sagte Klara hartnäckig.

So geschah es, dass Prinzessin Ohnekrone am nächsten Morgen mit einem kleinen Bündel unterm Arm aufbrach. Darin waren Brot, etwas Käse und ein verschließbarer Krug mit Wasser. Alle Versuche ihrer Eltern, sie aufzuhalten, schlugen fehl. Da das Königreich so arm war, konnte die Prinzessin nicht einmal ein Pferd für ihre Reise nehmen. Also ging sie in ihrem silbernen Prinzessinnenkleid zu Fuß. Sie ging vorbei an den Feldern der Bauern, an den Wäldern und Seen. Das Königreich war so klein, dass sie schon am Abend an die Grenzen kam. Der einsame Wachposten erkannte die Prinzessin und fragte, wohin sie gehen möchte. Prinzessin Ohnekrone erzählte von ihrem Vorhaben und ging weiter in das benachbarte Königreich.

Es wurde langsam dunkel und sie suchte sich einen Platz unter einer großen schützenden Linde zum Schlafen. Nachdem sie gegessen hatte und schließlich eingeschlafen war, träumte sie unruhig. Goldene Kronen in jeder erdenklichen Größe flogen um ihren Kopf herum. Welche würde ihr am besten stehen? Sie konnte sich nicht entscheiden. Immer, wenn sie nach einer greifen wollte, flog diese weg. Am Ende war keine Krone mehr da und sie wachte schweißgebadet auf. Sie wusste nicht, wo sie war, bis sie sich erinnerte, dass sie in die weite Welt gegangen war.

Am nächsten Morgen machte sie sich erneut auf den Weg. Nachdem sie eine Weile gegangen war, kam ihr ein altes Mütterchen, tief gebeugt mit einem Stock, entgegen. Ihre Kleidung war mit bunten Flicken überhäuft, damit diese noch eine Weile halten konnte. Die Haare waren weiß und schauten etwas unter ihrem roten Kopftuch hervor. Auf dem Rücken trug sie einen alten Weidenkorb mit ihren Habseligkeiten.

»Hallo Mütterchen, wohin des Weges?«, fragte die Prinzessin neugierig.

»Ach Kindchen, ich möchte meinen Sohn besuchen. Er wohnt vier Tage von meinem Dorf entfernt. Das ist ein langer Weg, aber ich gehe ihn gerne«, antwortete sie mit getragener Stimme.

»Kann Euer Sohn nicht zu Euch kommen?«

»Das kann er leider nicht. Er muss viel arbeiten, um seine Frau und sechs Kinder zu versorgen. Die Zeiten sind schlecht. Aber sagt, warum habt Ihr so ein schönes Kleid an? Seid Ihr aus reichem Hause?«

»Ich bin die Prinzessin Klara aus dem Nachbarkönigreich.«

»Und was macht Ihr hier so allein und weit weg von zu Hause? Habt Ihr denn keine Angst?«

»Nein, Angst habe ich keine. Ich bin auf der Suche nach einer Krone für mich, denn ich habe keine eigene.«

»Und was ändert eine Krone an dir? Du bist und bleibst derselbe Mensch.«

»Ich bin aber eine Prinzessin und will eine Krone tragen wie andere Prinzessinnen auch!«

Das alte Mütterchen war betrübt über solche Worte. »Ein Mensch wird nicht nach dem beurteilt, was er für Kleidung trägt. Das Gute im Herzen entscheidet.«

»Und Ihr meint, damit wird man glücklich? Seid Ihr glücklich in Euren alten Kleidern? «

»Ich war früher eine Schneiderin. Dabei wurde ich nicht reich, aber zum Leben war es genug für mich und meine Kinder. Heute kann ich nicht mehr die Nadel halten mit meinen alten steifen Händen. Aber ich bin glücklich, denn ich habe gesunde Kinder und Enkel.«

»Dennoch möchte ich eine Krone haben, denn ich bin eine Prinzessin.«

Ihr ist wohl nicht zu helfen, dachte sich das alte Mütterchen und verabschiedete sich von der Prinzessin.

Die Sonne kroch immer höher am Himmel, als sich Prinzessin

Ohnekrone wieder auf den Weg machte. Wohin sollte sie nun gehen? Wo würde sie eine Krone für sich finden? Vielleicht bei einem Goldschmied?

Sie ging weiter vorbei an grünen Wäldern und Feldern, die voll im Korn standen. Mittags legte sie eine Rast an einem kleinen Bach ein. In der Nähe hörte sie auf einmal Kinderstimmen und ging ihnen nach. Als die Stimmen lauter wurden, sah sie eine junge Frau, die Wäsche im klaren Wasser wusch. Ihre drei kleinen Kinder spielten in der Nähe auf der Wiese und versuchten, Schmetterlinge zu fangen. Sie so zu sehen, stimmte die Prinzessin froh. Die Kinder schienen trotz ihrer lumpigen Kleider glücklich zu sein.

»Hallo, Ihr da«, sprach sie die Frau an.

»Euch einen schönen guten Tag«, antwortete die Frau, die aufgestanden war und vor der Prinzessin einen Hofknicks machte.

»Wisst Ihr, wo es in der Nähe einen Goldschmied gibt?«

»Hier bei uns gibt es keinen Goldschmied, nur einen Pferdeschmied. Kann er Euch weiterhelfen?«

»Wohl kaum. Ich brauche einen Goldschmied, der mir eine Krone macht. Ganz aus Gold und einer Prinzessin würdig.«

»Es tut mir leid, aber da kann ich Euch nicht helfen.«

»Nun, ich werde schon einen finden.«

Die spielenden Kinder hatten die Prinzessin bemerkt und kamen näher. Erstaunt sahen sie das schöne Kleid von ihr. Das größte Kind, ein siebenjähriges Mädchen, sagte:

»Du hast ein schönes Kleid. Darf ich es mal anfassen?«

»Aber nur, wenn du saubere Finger hast«, antwortete die Prinzessin barsch.

»Sie sind etwas schmutzig vom Spielen. Ich werde sie schnell im Bach waschen.«

Als das Mädchen damit fertig war, trocknete sie ihre Hände an ihrem einfachen blauen Leinenkleid. Jetzt konnte sie behutsam das Kleid der Prinzessin berühren. Ihre beiden Brüder, die beide vier Jahre alt waren, sahen erstaunt zur ihr hoch.

»Was schaut ihr denn so? Habt ihr noch nie eine Prinzessin gesehen?«

Beide Jungen schüttelten still den Kopf und einer sagte:
»Du hast keine Krone auf!«
»Das weiß ich selbst. Ich suche ja eine Krone für mich. Jeder soll mich als Prinzessin erkennen.«
Da hatte das Mädchen eine Idee und zog ihre Brüder mit auf die Wiese. Sie fingen an, kleine Blumen zu pflücken. Das Mädchen flocht daraus eine Blumenkrone und brachte sie der Prinzessin. Diese war erstaunt darüber und wollte sie erst nicht aufsetzen. Fragend sah sie die Mutter der Kinder an.
»Macht ihnen eine Freude. Sie haben sich so viel Mühe gegeben«, sagte diese.
Prinzessin Ohnekrone beugte sich herunter und ließ sich die Blumenkrone auf ihren Kopf setzen.
»Ich danke Euch, Prinzessin. Ihr habt meine Kinder glücklich gemacht.«
»Aber warum?«
»Sie haben das erste Mal eine Prinzessin gesehen. Und Ihr tragt ihre Blumenkrone. Das macht sie glücklich. Und mich macht das ebenfalls glücklich.«
Die Prinzessin lächelte, konnte aber nichts mehr sagen. Sie füllte ihren Krug mit frischem Wasser, nahm ihr Bündel und zog weiter. Den Kindern winkte sie noch einmal freundlich zu.

Als die Sonne langsam am Horizont unterging, suchte sich die Prinzessin erneut einen Platz zum Schlafen. In dieser Nacht träumte sie abermals von Kronen. Aber jetzt waren es Blumenkronen. Und alle flogen ihr wieder um den Kopf herum. Wenn sie diesmal eine fangen wollte, gelang es ihr. Die schönste von ihnen setzte sie sich auf ihre lockigen Haare. Das gefiel ihr und sie tanzte glücklich im Traum über eine grüne Wiese. Sie schlief ruhig bis zum nächsten Morgen durch.
Auf ihrem weiteren Weg kam sie wieder an großen und kleinen Feldern vorbei. Auf dem kleinsten Feld waren ein Bauer und eine Bäuerin damit beschäftigt, Stroh zu Garben zusammenzustellen. Die

Arbeit war anstrengend, denn es war ein sehr heißer Tag.

»Hallo, Ihr da. Ich muss Euch was fragen.«

»Einen guten Tag wünschen wir. Was können wir für Euch tun?«, fragte der Bauer.

»Ich bin auf der Suche nach einem Goldschmied. Er soll mir eine goldene Krone machen. Wo wohnt der nächste Goldschmied?«

»Ich habe einmal gehört, dass in der nächsten Stadt ein Goldschmied arbeiten soll. Aber dort sind wir noch nie gewesen.«

»Wie weit ist es bis dorthin?«

»Wenn Ihr gut zu Fuß seid, einen halben Tag noch. Ihr könntet es vor der Nacht schaffen.«

»Ich bin schon so lange unterwegs, ich werde wohl besser ausruhen und morgen weitergehen. Kann ich bei euch nächtigen?«, fragte die Prinzessin.

»Wenn ihr Euch mit unserer bescheidenen Hütte zufriedengebt. Ihr scheint Besseres gewohnt zu sein.«

»Ich bin eine Prinzessin und wohne in einem Palast. Aber es wird schon gehen.«

»Wir müssen nur noch unsere Arbeit beenden, dann könnt Ihr mitkommen.«

Die beiden Bauersleute lasen weiter das Stroh auf und bündelten es zu Garben. Die Prinzessin kannte das nicht und ließ sich von den beiden alles genau erklären. Sie merkte dabei, wie schwer die Arbeit auch war, schienen sie glücklich zu sein. Glücklich mit dem einfachen Leben, welches sie führten. Kinder hatten sie keine, aber das war ihr Schicksal. Und auch damit ließ es sich gut und glücklich leben.

In der Hütte nahmen sie gemeinsam ein bescheidenes Mahl ein und unterhielten sich noch lange. Ganz nebenbei flocht die Bäuerin eine Krone aus Stroh für Prinzessin Ohnekrone. Später richtete sie ihr ein weiches Lager aus Stroh. In dieser Nacht träumte die Prinzessin abermals von Kronen. Diesmal waren es Kronen aus goldenem Stroh. Auch diese flogen um sie herum. Aber etwas war anders. Eine Krone flog von selbst auf ihren Kopf und die anderen weiter um sie herum. Zufriedenheit und Glück kam im Traum über Prinzessin Ohnekrone.

Doch als sie am nächsten Morgen aufwachte, war sie nicht mehr in der Hütte der Bauern. Sie lag in ihrem Bett im Schloss, als ob sie nie weggegangen wäre. Sie musste sich erst mal ihre Augen reiben. Vielleicht träumte sie ja immer noch. Neben ihrem Bett lag auf einem Nachtschrank die Krone aus Stroh. Das konnte kein Traum sein. Wo kam die Krone her und warum war sie nicht mehr in der Hütte der Bauern?

Prinzessin Ohnekrone stand auf, zog sich ihren Morgenmantel an und ging in den Thronsaal zum Königspaar. Dieses saß dort am Tisch und aß Frühstück.

»Vater, Mutter«, sagte sie mit einer Verbeugung.

»Hallo Klara. Hast du gut geschlafen?«, fragte die Königin.

»Ja, ich habe sogar sehr gut geschlafen. Aber ich dachte, dass ich unterwegs wäre auf der Suche nach einer Krone für mich«, antwortete Klara erstaunt.

»Du warst auch unterwegs. Aber lass uns dir die ganze Wahrheit erzählen. Setz dich zu uns.«

»Als du fortgehen wolltest, haben wir uns große Sorgen gemacht«, fing der König an. »Wenn man alleine als Mädchen oder junge Frau in die weite Welt zieht, können überall Gefahren lauern. Und so haben wir drei Feen beauftragt, auf dich aufzupassen.«

»Aber ich habe unterwegs keine Feen entdeckt.«

»Du hast sogar mit ihnen gesprochen. Sie sind dir begegnet als altes Mütterchen, als eine junge Frau mit drei kleinen Kindern und als Bauernpaar. Sie haben stets auf dich aufgepasst. Und sie haben dir gezeigt, dass man auch ohne Krone glücklich leben kann. Hast du das bemerkt, mein Kind?«

»Das alles waren Feen? Aber ja, Vater, ihr habt recht. Ich habe gelernt, dass eine Krone zum Glücklichsein nicht wichtig ist. Ich möchte auch nicht mehr Prinzessin Ohnekrone genannt werden. Einfach nur Prinzessin Klara.«

»Das freut uns«, sagte die Königin. »Aber wenn man es genau nimmt, hast du doch eine Krone. Sogar eine goldene. Eine goldene Krone aus Stroh. Schau nur in deine Hand.«

Prinzessin Klara hatte nicht gemerkt, dass sie die Krone vom Nachttisch mitgenommen hatte. Sie hielt sie noch immer in ihrer Hand. Mit einem Lächeln hob sie die Krone in die Höhe und setzte sie auf ihren Kopf. Von nun an war sie bescheiden mit ihren Wünschen. Das hatte Prinzessin Klara auf ihrer Reise gelernt. Und wenn die Krone aus Stroh nicht mehr schön aussah, machte sie sich einfach eine neue.

Prinzessin Klara lebte von nun an glücklich bis an ihr Ende.

Prinzessin ohne Krone

Die hässliche Prinzessin Tusnelda

Klaus Michelsen

König Eberhard XIII. lebte einst in dem alten Schloss Bruchstein an der Schnatter. Das Schloss war baufällig und der Putz bröckelte von den Wänden. Durch die schiefen Fensterrahmen pfiff der Wind. Leider hatte König Eberhard kein Geld für Reparaturen. Er hatte die beste und größte Hofkapelle gehabt, die man sich vorstellen kann. Die konnte er sich nicht mehr leisten. Nur wenige Musikanten waren ihm noch geblieben. Nun sollte sein Sohn, Prinz Tassilo, Geld herbeischaffen.

»Sohn«, sagte er, »du wirst die Prinzessin Tusnelda heiraten. Ihr Vater, König Theodor, ist sehr reich und sehr alt. Nimm Tusnelda zur Frau und beerbe ihn.«

»Vater, lieber Vater, das möchte ich nicht«, antwortete Tassilo, »Ich liebe sie nicht und sie soll hässlich sein, sagt man.«

»Du sollst sie nicht lieben, sondern heiraten. Wir brauchen das Geld, um unser Schloss Bruchstein zu reparieren. Ohne das Geld muss ich das Orchester entlassen. Außerdem liegt Theodors Schloss Goldstein genau gegenüber auf der anderen Seite der Schnatter. Wenn du erst dort eingezogen bist, können wir den Fluss sperren und von allen Schiffern, die auf ihm verkehren, Wegezoll verlangen. Wir werden sehr reich sein.«

»Vater, ich möchte Tusnelda nicht heiraten, auch wenn sie sehr reich ist.«

»Papperlapapp! Deine Mutter habe ich auch nicht geliebt bei der

Hochzeit, nicht, Mathilde? Was sagst du dazu?«

Bevor seine Frau, die Königin Mathilde, auch nur eine Silbe antworten konnte, fuhr er fort:

»Morgen fährst du hinüber und bittest König Theodor um die Hand seiner einzigen Tochter.«

Widerwillig und lustlos machte Tassilo sich am nächsten Tag auf den Weg. Mit ihm fuhr sein Diener Justus und eine kleine Abordnung der Hofkapelle. Ohne Begleitung bei König Theodor zu erscheinen, hätte gar zu ärmlich ausgesehen, und außer den Musikern gab es wenig Personal auf Schloss Bruchstein. Prinz Tassilo wurde sofort von König Theodor empfangen. Das wunderte Tassilo zunächst. Er hatte erwartet, dass er, so wie es üblich war, erst einmal den Dienern, dann den Oberdienern, dann dem Kammerdiener hofieren musste. Hier war es anders.

»Was willst du?«, fragte ihn König Theodor ohne höfische Umschweife, »Willst du meine Tochter heiraten? Kannst du haben, endlich mal ein Bewerber.«

Noch bevor Tassilo antworten konnte, rief er nach seiner Tochter: »Tusnelda, komm schnell, dein Prinzgemahl ist da.«

Tassilo wurde seltsam zumute und weich in den Kniekehlen. Was sollte das bedeuten? Wurde er schon erwartet? Die Antwort auf die Fragen gab er sich selbst, als wenige Minuten später Prinzessin Tusnelda erschien.

Sie war die hässlichste Frau, die er je gesehen hatte. Das Gesicht war faltig, braun gefleckt und mit Warzen übersät. Aus jeder Warze wuchs ein Haarbüschel. Tassilo erschrak. Die grauen Haare waren zu einem dicken langen Zopf geflochten. Ihre farblosen Kleider baumelten formlos an ihr herab. Tassilo war entsetzt; er murmelte ein paar Worte, die nicht einmal sein Diener verstand. Kurz darauf verschwand er samt Gefolge aus dem Schloss Goldstein. Die drei Musiker waren gar nicht zum Spielen gekommen.

»Vater«, sagte Tassilo am nächsten Morgen zum König, »die Frau kann ich nicht heiraten. Sie ist der hässlichste Mensch, den du dir vorstellen kannst.«

»Du sollst sie ja nicht ansehen, sondern heiraten. Alle Frauen werden früher oder später hässlich, nicht wahr, Mathilde?«

Königin Mathilde war außer sich:

»Also, das ist ja wohl ...«, weiter kam sie nicht, ihr Gatte fuhr fort: »Wir brauchen das Geld. Ich werde den Brillenmacher kommen lassen. Der wird dir eine rosarote Brille anfertigen. Damit wirst du die Prinzessin Tusnelda mit ganz anderen Augen sehen.«

Kurz darauf erschien wirklich der Brillenmacher-Meister. Er hantierte, justierte, griff und schliff, er zog und bog, lackierte und polierte, und schon war die gewünschte Brille fertig. Zusammen mit den Musikern, dem Diener Justus und der Brille auf der Nase fuhr er am nächsten Tag erneut über die Schnatter zum Schloss Goldstein. Wieder, wie am Vortag, wurde er mit seinem kleinen Gefolge sofort zum König gebracht.

»Da bist ja wieder, gestern warst du sehr schnell verschwunden. Einen Moment bitte, ich lasse deine Angebetete gleich holen.«

Prinz Tassilo kam das alles merkwürdig vor. Wieso Angebetete? Offensichtlich war König Theodor heilfroh, dass überhaupt mal jemand kam. Er war sehr alt, und niemand wollte sich für sein hässliches Kind interessieren. Tusnelda erschien. Justus machte eine artige Verbeugung und dienerte seine eingeübten Sätze:

»Eure Hochwürdigste Durchlaucht erlauben, dass mein Königlicher Herrscher ihnen den untertänigsten ...«

»Halt die Schnauze, du Wicht«, fuhr sie ihn an.

Prinz Tassilo trug die rosarote Brille und empfand die Prinzessin nicht ganz so hässlich wie bei seinem ersten Besuch. Die Stimme der Prinzessin jedoch erschreckte ihn ebenso heftig wie gestern ihr Anblick. Der Klang erinnerte ihn an das Scheppern der Konservendosen, welche manche bösen Buben den Katzen an den Schwanz binden und zugleich an das schrille Kreischen, welches ein Messer auf einem Porzellanteller verursachen kann. Tassilo war sehr musikalisch und dieses Gezeter war eine Beleidigung für seine Ohren. Außerdem schien ihr Höflichkeit fremd zu sein. Gerade wollte er

etwas erwidern, da trompete Tusnelda:
»He, was wollt ihr hier? Willst du mich etwa heiraten?«
Tassilo hielt es nicht länger aus. Er drehte sich um und lief davon.

»Vater, Vater, du glaubst es nicht. Diese Prinzessin hat eine so schreckliche Stimme, dass ich den Klang nicht ertragen kann. Ich werde sie nicht heiraten.«
»Papperlapapp!«, war die Antwort, »Du sollst ihr ja nicht zuhören, sondern sie heiraten. Wir brauchen das Geld. Das Schloss muss repariert werden und wir wollen den Wegezoll auf dem Fluss. Ich habe deiner Mutter auch nie zugehört, nicht wahr, Mathilde? Trotzdem sind wir verheiratet. Wenn dir die Stimme nicht gefällt, lass die Musikanten aufspielen, dann hörst du sie nicht.«
Am nächsten Tag machten sie sich erneut auf den Weg. Tassilo getraute sich nicht, seinem Vater nochmals zu widersprechen. Wie nun schon gewohnt, ruderte die kleine Gruppe über den Fluss Schnatter. Justus leierte seinen Begrüßungs-Sermon herunter, Prinz Tassilo setzte seine rosarote Brille auf, die Prinzessin Tusnelda schepperte ihren gehässigen Text, aber die drei Musiker der königlichen Hofkapelle spielten dagegen. Der Trompeter blies so laut, dass sich seine Trompete streckte, der Paukist schlug auf die Paukenfelle, dass sich die Ohrmuscheln der Zuhörer glätteten und der Bassist wummerte, dass einem der Bauch wehtat.
Prinz Tassilo sah also nicht ihre Hässlichkeit und hörte nicht ihre scheppernde Stimme. Dadurch bemerkte er das schlimmste der Übel von Prinzessin Tusnelda. Um sie herum verbreitete sich nämlich ein bestialischer Gestank.
Der ganze Körper, besonders aber ihr Mund, strömte einen solch ekligen Dunst aus, dass Prinz Tassilo sich beinahe übergeben musste. Nun war ihm klar, warum König Theodor seine einzige Tochter unbedingt jedem zur Frau geben wollte, der auch nur über die Schwelle des Schlosses trat. Tassilo hielt sich die Hand vor Mund und Nase, um Schlimmeres zu verhindern und riss aus. Seine Begleiter hinter ihm her.

»Vater, diese Frau kann ich nicht heiraten. Sie stinkt schlimmer als die Jauchegruben der Bauern.«

»Du sollst sie nicht beschnuppern, sondern heiraten«, war die Antwort, »Frauen riechen nie gut, nicht wahr, Mathilde? Deshalb haben Männer ja schließlich das Parfum erfunden. Nimm eine große Flasche davon mit und bespritze sie. Auf ihre Zunge lege ihr ein Blatt vom Salbei, das hilft gegen Mundgeruch.«

Tassilo schüttelte sich bei dem Gedanken; er fragte sich, wie man wohl ein Salbeiblatt in den Mund eines anderen Menschen legen könne, wenn dieser das nicht will.

»Du bringst Tusnelda dann sofort mit zu uns. Als Zeichen der Verlobung musst du mit ihr eigentlich allein in einer Kutsche zum Schloss fahren, so ist es der Brauch. Da du aber über den Fluss nicht mit der Kutsche fährst, nimm stattdessen das Boot. Rudere sie eigenhändig bis an unser Ufer.«

»Tu, was dein Vater verlangt, es ist nur zu deinem Besten«, meldete sich nun erstmals seine Mutter, Königin Mathilde, zu Wort.

Er wusste zwar nicht, wieso es zu seinem Vorteil sein sollte, wagte aber auch nicht, seinen Eltern länger zu widersprechen. Am nächsten Morgen brach er früh auf. Diener Justus und die Musikanten begleiteten ihn wie immer. Das Boot für die Überfahrt mit der Braut nahmen sie ins Schlepptau. Wie nun schon fast gewohnt, kam er zu König Theodor. Sofort sagte er seinen Spruch auf:

»König Theodor, ich bitte euch um die Hand eurer Tochter Tusnelda.«

Ohne zu zögern, ohne innezuhalten, ohne jedes Gefühl schleuderte er dem König diesen Satz entgegen. Der, offensichtlich erleichtert, dass er seine Tochter endlich verheiraten konnte, lachte:

»Ja, gerne, du kannst sie gleich mitnehmen, ihr seid hiermit verlobt! Tusnelda, komm, dein Bräutigam ist hier, er will dich holen.«

Wenige Minuten später erschien die schreckliche Gestalt. Schnell setzte der Prinz seine rosarote Brille auf, um ihren Anblick zu ertragen. Er besprityte sie mit dem Parfum, aber wie sollte er ihr das Salbeiblatt in den Mund legen, ohne ihr zu nahe zu kommen und ohne Hilfe? Helfen könnte bestenfalls Justus. Wo steckte der überhaupt? Von seinem Diener war nichts zu sehen. Nun musste er sie der Form halber fragen:

»Tusnelda, willst du meine Frau werden?«

»Was für eine dumme ...«, schepperte sie los.

Mehr konnte Prinz Tassilo nicht verstehen, denn seine Musikanten übertönten ihren Missklang, so wie er es ihnen befohlen hatte.

»Dann folge mir auf das Schloss meines Vaters, wir sind nun verlobt. Wie es der Brauch verlangt, werde ich dich über den Fluss rudern.«

Rasch verließen sie das Schloss Goldstein und gingen zum Ufer der Schnatter. Dort erwartete sie Justus bereits. Er half dem Prinzen in den Mantel und reichte ihm die Riemen. Der Prinz setzte sich so, dass er die Prinzessin nicht ansehen musste. Gegen ihr Geschwätz gab es auf dem Boot jedoch kein Gegenmittel, denn die Musikanten waren nicht an Bord.

Kaum waren sie einige Meter vom Ufer entfernt, da bemerkte Tassilo Wasser im Boot. Es rann durch viele kleine Löcher im Holz. Kräftig zog er an den Riemen, um schnell ans andere Ufer zu gelangen. Das Wasser sprudelte nur so in das Boot. Irgendwer musste die Löcher in den Boden gebohrt haben. Hatte Justus das vielleicht getan? Natürlich bemerkte auch Tusnelda das Wasser. Sie schrie und zeterte:

»Willst du mich umbringen? Wir werden ertrinken! Unternimm sofort etwas gegen das Wasser, sonst ersaufen wir noch. Das ist ja ein schöner Verlobter!«

Tatsächlich sank das Boot, als sie mitten auf dem Fluss waren; da war nichts mehr zu retten. Mit dem Boot tauchte auch Tusnelda in die Fluten. Prinz Tassilo war fast erleichtert, als er dieses hässliche Wesen nicht mehr ansehen musste. Er selbst schwamm seltsamerweise auf dem Wasser. Tusnelda sank immer tiefer, bald schaute nur noch der meckernde Kopf heraus. Prinz Tassilo begriff, was passiert war. Offenbar hatte Justus das Boot angebohrt, um seinem Herrn eine Freude zu machen. In den Mantel des Prinzen hatte er Korken eingenäht, so dass der jetzt auf dem Wasser schwebte. Einen Augenblick später wurde es ruhig, denn Tusneldas Mund war jetzt unter Wasser. Tassilo genoss die Stille. Nur noch ihre Augen waren zu sehen. Sie flehten Tassilo an und waren zugleich so warmherzig, wie er noch nie welche gesehen hatte.

Dieser Blick änderte die Welt. Prinz Tassilo wurde seltsam zumute, ein Schauer lief ihm durch den Körper. Er nahm nichts mehr wahr als diesen Blick von Tusnelda. Wie lange mag das wohl gedauert haben? Ihm kam es wie die Ewigkeit vor. Dann ein Ruck, Tassilo wurde aktiv.

»Nein!«, schrie er auf, »So geht das nicht!«

Er schwang sich zu Tusnelda hinüber, und gerade als auch ihre Stirn im Wasser versank, ergriff er ihre Haare und zog sie hoch. Erst an den Haaren, dann am Kinn hob er sie aus dem Wasser. Schließlich konnte er unter ihre Arme greifen. So paddelte und zappelte und strampelte er sich und die Prinzessin zum rettenden Ufer.

Im Schloss Bruchstein wurden sie schon erwartet, allerdings nicht so nass. Die Hofkapelle spielte zur Begrüßung.

Das Königspaar stand an der Tür des Schlosses und erschrak, als sie die beiden erblickten. Prinzessin Tusnelda sagte ausnahmsweise gar nichts, denn sie hatte den Mund noch immer voll Wasser. Die beiden triefnassen Gestalten wurden in das Kaminzimmer gebracht und man hüllte sie in warme Decken. Noch immer spielte die Hofkapelle liebliche Weisen.

Prinz und Prinzessin schauten sich in die Augen, während ihre Kleider trockneten. Sie sagten nichts, nur die Blicke sprachen. Tassilo konnte sich nicht davon lösen. Alle Fehler, also Hässlichkeit, Geruch, Stimme waren vergessen. Außer der wunderbaren Musik hörte Tassilo bald ein seltsames Knistern und Knacken. Die Musikanten spielten und erwärmten die Herzen, das Feuer wärmte die Haut.

Wieder knackte es. Tusneldas Haut trocknete und wurde fest. Wie eine Lehmform, die gebacken wird, erstarrte sie. Dann riss die Schale und platzte auf. Nach und nach bröckelten kleine Stücke ab. Als die Hülle vollständig abgefallen war, kam der schönste Mensch zum Vorschein, den man sich vorstellen kann. Keine Falten, keine Warzen, keine Haarbüschel im Gesicht. Makellos weiße Zähne und kirschrote Lippen. Das Haar glättete sich auf wundersame Weise. Sie stand auf, ging zu ihm und sang ihm mit der zärtlichsten aller Stimmen ins Ohr:

»Ja, Liebster, ich will deine Frau werden. Ich will dich jetzt und hier für immer!«

»Ach, meine Liebste«, hauchte Tassilo.

Sie ließ die Decke, die man ihr übergelegt hatte, fallen und stand in den wunderschönsten Kleidern, die man sich denken kann, vor ihm. Beide ließen sich nicht mehr aus den Augen.

Wenige Tage später wurde die Hochzeit gefeiert. König Theodor lud alle zu einem großen Fest ein. König Eberhard aber, der doch unbedingt reich werden wollte, verdorrte wie eine Backpflaume. Jeden Tag bekam er mehr Runzeln und Warzen. Die Haare fielen ihm aus und er wurde immer kleiner. Sein Schloss Bruchstein verfiel immer weiter. Prinz Tassilo und seine schöne Frau wohnten auf Schloss Goldstein. Eine Zollsperre hat es dort nie gegeben. Als König Eberhard starb, zog Königin Mathilde zu dem jungen Paar und spielte mit ihren Enkelkindern.

Die Hofkapelle aber, die mit ihrer Musik Tusneldas Wandel begleitet hat, spielt seitdem jede Woche ein Konzert auf Schloss Goldstein.

Die Traumprinzessin

Martina Decker

König Mussad und seine Gemahlin, die wunderschöne Königin Farideh herrschten schon viele Jahre mit Güte und Weitsicht über ihr Land. Ihre Untertanen liebten und achteten sie dafür. Niemand litt Not. Äcker und Felder waren fruchtbar und die Grenzen des Landes sicher. Dafür sorgte ein kleines Heer aus mutigen Kriegern und furchtlosen Soldaten, angeführt vom einzigen Sohn des Königspaares.

Prinz Fahid war ein großer starker Mann. Seine von der Sonne gebräunte Haut spannte sich über den jungen muskulösen Körper. Das Haupthaar trug er, wie es Sitte war, zu einem langen Zopf gebunden, der ihm bis tief in den Rücken fiel.

»Mein Sohn!«, sprach eines Tages der alte König. »Es ist an der Zeit, dass du mir und deiner Mutter endlich die lang ersehnte Schwiegertochter ins Schloss bringst. Überall im Land warten die schönsten Mädchen nur darauf, dass du sie freist. Deine Mutter und ich haben beschlossen, ein großes Fest zu geben, an dem du dir eine Braut erwählen sollst.«

»Aber Vater«, erwiderte der Prinz leise. »Ich habe mein Herz doch schon verloren. Prinzessin Saramina ist es, die ich jede Nacht in meinen Träumen sehe. Sie begehre ich und will sie zur Frau erwählen.«

»Wer weiß, welch böser Geist dir diese Träume schickt. Niemand kennt ihren Namen oder weiß etwas über ihr Land zu berichten. Wenn du diesen Träumen nachjagst, werden sie dich ins Verderben führen.« König Mussad runzelte besorgt die Stirn. »Sei doch vernünftig!«

»Ich kann nicht anders, Vater!«, seufzte der junge Mann. »Wie könnte ich je mit einer anderen das Lager teilen, ohne nach ihr gesucht zu haben. Erlaube mir, mit ein paar Kriegern hinauszuziehen. Dreimal soll der Mond voll am Himmel stehen. Ist es mir dann nicht gelungen, die Angebetete zu finden, werde ich Eurem Wunsch gehorchen und ein anderes Mädchen zur Frau nehmen.« Sein Blick lag bittend auf dem Alten.

Unschlüssig starrte dieser vor sich hin, schließlich griff er die Hand seiner Gemahlin. »Farideh? Was rätst du mir? Soll ich ihn ziehen lassen?«

Die Königin senkte das Haupt, in ihren Augen standen Tränen. Ohne ein Wort zu sagen, holte sie aus einer reich verzierten Truhe eine kleine Schatulle hervor. »Diese Kette gehörte einst deinem Urgroßvater. Sie soll dich beschützen und dir als Talisman ihren Dienst leisten.«

Überrascht besah Fahid das Schmuckstück: An dem festen Lederband hing ein winziges Schwert. Der Griff war mit funkelnden Steinen besetzt.

Am Morgen nach Neumond verließ Prinz Fahid zusammen mit einem kleinen Gefolge das Schloss. Schweigend ritt der Tross durch Wälder und Dörfer. Sie durchquerten das halbe Königreich, und als die Dunkelheit über sie hereinbrach , errichteten sie ein Lager am Rande eines Waldes. Fahid legte sich als Letzter zur Ruhe und fiel sogleich in einen tiefen Schlaf.

»Wo ist er, der Prinz, der mich befreit … «, hörte er die bange Frage des Mädchens. »Wird er mich finden und den Drachen töten?« Sie begann zu schluchzen und Tränen rannen ihr wie kostbare Perlen über die Wangen. Ihr zarter Körper bebte, und es war, als schauten ihre grünen Augen direkt auf Fahid. Der Prinz streckte im Schlaf die Hände nach ihr aus. »Bald bin ich bei dir!«

Tags darauf war er entschlossener als je zuvor. Er trieb seine Männer zur Eile.

»Meine Prinzessin ist in der Gewalt eines Drachen!«, rief er ihnen zu.

Unerschrocken sahen sie ihn an.

»Wenn jemand unter Euch ist, dem für einen solchen Kampf der Mut fehlt, so soll er umkehren.« Fahid musterte jeden Einzelnen. Doch keiner der fünf Krieger wich seinem Blick aus oder wandte sich ab. Sie würden ihm überall hin folgen.

Aber wie sollten sie den Drachen finden? Niemand in dieser Gegend wollte jemals einen Drachen gesehen haben. Ängstlich flohen die Menschen in ihre Hütten, wenn er danach fragte. So zogen die Männer immer weiter fort. Fern von der Heimat überschritten sie immer neue Grenzen und gelangten in immer entferntere Länder. In jeder Nacht wurde das Flehen der Traumprinzessin drängender und des Prinzen Sorge um ihr Wohl größer. Längst hing ihr das einstmals seidige braune Haar in wirren Strähnen ins Gesicht, das Kleid war schmutzig und ihre Augen waren ohne Glanz.

Der Mond füllte sich bereits zum dritten Male und Fahid war verzweifelt, aber die Hoffnung gab ihm jeden Tag neue Kraft. Es musste doch jemand von dem geheimnisvollen Drachen gehört haben.

Eines Tages trafen die wackeren Kämpfer auf ein altes Mütterlein. Der Blick der gekrümmten Frau war wach. Sie musterte den jungen Prinzen genau. »Soso! Der edle Herr sucht den Drachen.«

»Du hast davon gehört, Weib?« In Fahid keimte neuer Mut. »Sag, wie ich am schnellsten dorthin gelangen kann!«

»Es stimmt also, was der Wind flüstert!«, sprach die Alte unbeirrt weiter. »Sechs Krieger werden kommen, die Prinzessin Saramina zu befreien.«

»Den Weg ...«, Fahid wurde ungeduldig.

»Reitet nur einfach weiter. Folgt der Straße bis hinter den Wald ...«

Der Prinz riss sein Pferd am Zügel herum und preschte los. Die anderen folgten und hüllten die Alte in eine Wolke aus Staub.

» ... Doch nur einer wird dem Drachen ins Angesicht sehen, und seine Schmerzen werden unerträglich sein. Nicht durch Mut und Kraft, nur mit List wird das Böse zu besiegen sein!«, rief sie den Männern hinterher.

Plötzlich war der Weg zu Ende, ein Abgrund tat sich auf. Fahid zog sein Pferd zurück. Geröll und tote Bäume, so weit er sehen konnte, Kadaver und verbrannte Erde. Der Himmel darüber war wolkenverhangen. In der Ferne zuckten Blitze und deutlich war Donnergrollen zu hören. Der Wind trug ihnen den Gestank von Schwefel und Verwesung zu.

Schweigend starrten die Männer in das Tal. Standen sie am Tor zur Hölle?

Ein Rascheln hinter ihnen ließ sie aufschrecken und zu ihren Waffen greifen. Als sie sich umwandten, erblickten sie ein Einhorn. Weiß glänzend stand es im Schatten einer riesigen Tanne.

»Sofort die Waffen runter!« Prinz Fahid ließ seine Männer hinter sich und verneigte sich vor dem Tier.

»Wer seid Ihr und was wollt Ihr hier?«, fragte das Einhorn mit samtener Stimme.

Fahid erzählte, weshalb er gekommen war.

Das Einhorn hob seinen mächtigen Kopf und schüttelte die silbrig glänzende Mähne.

»Endlich! «

Langsam kam das prächtige Tier auf ihn zu. »Meine Magie war es, die Euch die Träume sandte. Es heißt, Ihr seid tapfer und furchtlos. Rettet die Prinzessin! Sie ist in der Hand des bösen Zauberers Monoluf. In Gestalt eines mächtigen Drachen hält er vor dem Schloss Wache.«

Fahid umfasste mit der Faust das Schwert seines Vaters. »Das soll mich nicht schrecken! Ich werde die Prinzessin befreien – eher findet meine Seele keine Ruhe. Selbst wenn ich dafür mein eigenes Leben geben muss ...«

Das Einhorn scharrte mit den mächtigen Hufen. Seine Augen blitzten hoffnungsvoll auf.

»Prinz Fahid, so höre denn die ganze Geschichte:

Vor langer Zeit stand der Zauberer Monoluf im Dienste unseres

Königs Amadur und seiner Gemahlin Ilena. Monoluf gierte nach Macht und Einfluss. Als Ilena starb und Amadur im Trauerschmerz jede Lebensfreude verloren hatte, bat Monoluf den König um die Hand der Prinzessin. Der aber wies ihn brüsk ab. Niemals werde ein Bediensteter Gemahl der Prinzessin, sagte Amadur mit letzter Kraft. Monoluf wurde zornig. Er habe dem Königshaus immer treu gedient, schrie er. Es sei an der Zeit, dass man sich erkenntlich zeige. Seinem Können sei es zu verdanken, dass im ganzen Reich Wohlstand und Friede herrschten. Doch Amadur ließ sich nicht umstimmen. Nur einem Königssohn würde er seine geliebte Tochter zur Frau geben!«

Das Einhorn hielt einen Augenblick inne.

»Amadur rief die Wachen und befahl ihnen, den Zauberer außer Landes zu bringen. Sehr bald darauf verstarb der König, und ein jeder im Land ahnte, dass es Monolufs Fluch gewesen war, der ihn dahingerafft hatte.

Als Bettler kam Monoluf im letzten Sommer unerkannt zurück. Zu dieser Zeit war unser Land noch grün und fruchtbar. Er klopfte an die Schlosspforte und bat um ein Lager. Man hieß ihn willkommen und gab ihm auch Speise und Trank.«

Das Einhorn stockte und glitzernde Tränen rannen aus seinen Augen. »Zum Dank nahm Monoluf Saramina gefangen. Er lauerte ihr auf, als sie sich in die kleine Schlosskapelle begeben wollte, um der toten Eltern zu gedenken. Die Zofe an ihrer Seite belegte er mit einem bösen Zauber und zerrte Saramina in eine schmale Nische nah dem Kapelleneingang. Er drohte, sie zu töten, wenn sie nicht seine Gemahlin werden würde. Doch Saramina stieß ihn von sich und wollte eher den Tod wählen, als an seiner Seite weiterzuleben. Monoluf versuchte es mit Magie, doch Saramina schien unter dem Schutz einer noch größeren Macht zu stehen. Zwar gelang es ihm, ihr die Freiheit zu nehmen, doch ihren Willen vermochte er nicht zu brechen. In seinem Zorn verfluchte Monoluf das gesamte Reich. Wir entkamen ihm in höchster Not …«

»Wir?«, fragte Fahid leise.

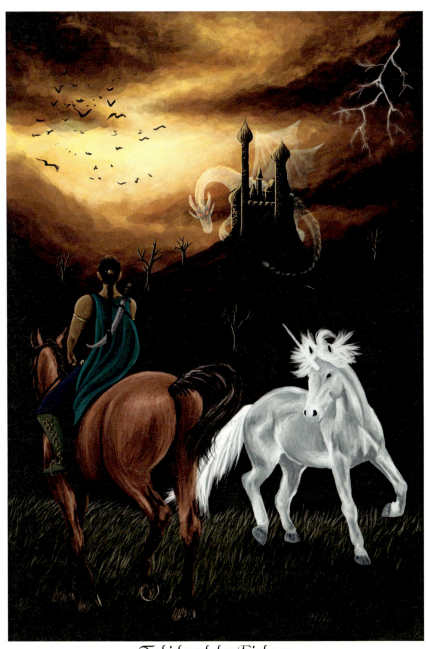

Fahid und das Einhorn

Das Einhorn wandte seinen Kopf ein wenig zur Seite. »Sieh, die kleinen Blumenelfen an meiner Seite. Doch ihr Glanz und ihre Magie verblassen mit jedem Tag, den sie in diesem dunklen Waldstück verbringen müssen. Sie brauchen das Licht der Sonne und den sanften Regen …«

Fahid ballte die Hände zu Fäusten. »Bei meinem Leben! Wir werden diesem Zauberer den Garaus machen. Haltet noch ein wenig aus!« Mitleidig sah er die kleinen Elfen an. Sie schienen bereits sehr schwach und erinnerten ihn an die welken Blumen im Schlossgarten nach einem heißen Sommertag.

Fahid wandte sich an seine Männer. »Schlagt das Lager auf. Im Morgengrauen ziehen wir weiter.«

Das Einhorn wies Fahid und seinen Männern den Weg. Das Land vor ihnen lag in Finsternis. Feiner Ascheregen fiel auf sie herab. Irgendwann gaben die Männer es auf, den Staub von ihren Gewändern zu klopfen. Der Gestank wurde mit jeder Stunde schlimmer. Die Männer konnten kaum noch Atem holen. Sie banden sich Tücher vor Mund und Nase. Ihre Augen suchten die Umgebung ab.

Nach einem harten Ritt tauchte in der Ferne die Silhouette des Schlosses auf. Fahid gebot den Männern mit einer Handbewegung, ihre Pferde zu zügeln. »Seid Ihr bereit?«, fragte er. »Noch ist es Zeit, umzukehren!«

Keiner der Krieger rührte sich. Ein entschlossenes Lächeln glitt über das Gesicht des jungen Prinzen.

Furchtlos klopfte er an das große Schlosstor und verlangte Einlass. Doch kein Wächter kam, sie einzulassen oder wenigstens nach ihrem Begehren zu fragen. Eine unheimliche Stille lag über dem Gelände und Fahid überlegte fieberhaft, was er nun tun sollte.

»So öffnet endlich! Es geziemt sich nicht, einen Königssohn samt Gefolge warten zu lassen.« Seine Worte hallten von den Felsen wider, und seltsamerweise fühlte Fahid sich beobachtet. Unsichtbare Blicke schienen ihn zu durchbohren. »Monoluf! Bist du ein so erbärmlicher

Zauberer, dass du dich ängstlich hinter dicken Schlossmauern versteckst?« Fahids Worte verfehlten ihre Wirkung nicht.

Knarrend wichen die Flügel zur Seite, und als der Tross in den Hof eingeritten war, schlugen sie mit mächtigem Donner zu.

»Wer wagt es, das Schloss des mächtigen Monoluf zu betreten?«, dröhnte ihnen eine Stimme entgegen.

Fahid sah sich um. Es war nicht auszumachen, woher die Stimme kam. Sie schien überall zu sein.

»Du kannst mich nicht sehen, Elender!«, vernahm er und es folgte ein höhnisches Gelächter.

Fahid war, als würde ihm heißer Odem ins Gesicht geblasen.

»Zeig dich! Oder ist der, der sich »mächtiger Monoluf« nennt, ein Feigling?«

Donnergrollen erhob sich, die Erde erbebte und von den Turmzinnen fielen Ziegel und zerbarsten beim Aufprall in tausende Scherben. Getroffen sank einer der Krieger zusammen.

Fahid sprang herbei, konnte dem Mann aber nicht mehr helfen. Seine Augen verengten sich zu schmalen Schlitzen.

»Gib Prinzessin Saramina frei, du widerwärtiges Ungeheuer!«

Wie aus dem Nichts stieg Nebel auf und hüllte die Gruppe ein.

»Nun, kleiner Prinz! Wie willst du die Prinzessin finden? Das Schloss ist groß. Sie könnte im Turm sein – oder im Verlies tief unter der Erde … in der Kapelle …vielleicht solltet ihr ausschwärmen … sie erwartet Euch. Hört, kleiner Prinz, sie ruft nach Euch.«

Aus der Ferne hörte Fahid die Stimme der Prinzessin. Doch der immer dichter werdende Nebel machte ihn orientierungslos. Kaum, dass man noch die Hand vor Augen sah. Seine Männer wurden unruhig.

»Dort …« Einer der Krieger deutete mit einem Kopfnicken zum Turm.

»Rührt Euch nicht vom Fleck!«, kommandierte Fahid. »Wenn wir uns trennen, ist das unser Verderben!«

»Du bist schlauer, als ich dachte!«, bemerkte die Stimme. »Aber das wird dir auch nichts nützen …« Erneut schallte dröhnend das Gelächter. Ein böiger Wind kam auf, riss die Nebelschwaden auseinander und ließ sie nach oben steigen.

Fahid sah die riesige Echse zuerst. Ihre Augen leuchteten in der Finsternis wie das Feuer zur Sonnwendfeier. Bei jedem Atemzug züngelten Flammen aus dem leicht geöffneten Maul. Zwei Reihen mannshoher Zähne waren zu erkennen und der lange Schwanz war über und über mit bedrohlich abstehenden Dornen bestückt. Sein fauliger Atem schlug den Männern entgegen.

Fahid zog sein Schwert aus der Scheide und ritt langsam auf den Drachen zu. Seinen Männern gebot er, zurückzubleiben. Das Tier hob den Kopf. »Verschwinde, Eindringling! Oder willst du dich mir wirklich entgegenstellen?«

»Gib den Weg frei!« Fahid ließ das Untier nicht aus den Augen. Würde sein Schwert den harten Panzer durchbrechen können?

Langsam erhob sich die Echse. Die Erde bebte unter der Last. Fahids Pferd scheute und stieg in Panik auf. Die Männer hinter Fahid fluchten. Dem Prinzen gelang es, die Kontrolle wiederzuerlangen. Die Echse spie ihm einen Feuerstrahl entgegen, aber er hatte es geahnt und sein Ross rechtzeitig zur Seite gerissen. Heiß flogen die Flammen an ihm vorbei und verschlangen zwei seiner Getreuen. Ihre Schreie trafen Fahid direkt ins Herz. Der Geruch von verbrannter Haut und Haaren raubte ihm den Atem.

Fahids Wut kannte nun keine Grenzen mehr. Fest umfasste seine Hand das Schwert und dann ritt er an. Er nutzte den Moment, da das Tier vor lauter Siegesgewissheit unachtsam war und rammte ihm die scharfe Klinge in den Leib. Vom Schmerz überrascht, bäumte es sich auf. Neues Feuer drang aus seiner Kehle und gleichzeitig fegte der lange Dornenschwanz nach vorne und riss die verbliebenen Krieger in den Tod. Fahid hatte sich im Rücken des Drachens versteckt und hieb erneut auf ihn ein, wieder und wieder. Zäh floss das Blut aus den Wunden, troff zu Boden und sammelte sich zu einer tiefroten Lache.

»Du Wicht!«, hörte Fahid den Zauberer schreien. »Ich werde dich zerquetschen wie eine Laus.« Suchend wandte sich der Drache um. Fahid sprang vom Pferd und gab dem Rappen einen Schlag auf die Hinterhand. Erschreckt wieherte er auf und galoppierte davon. Fahid suchte Schutz in einer Nische. Schwer atmend presste er sich an die Mauer und dachte nach.

»Er wird sich verwandeln!«, raunte ihm plötzlich eine Stimme zu. Auf der Mauer erschien das Bild der Alten, die ihnen den Weg gewiesen hatte. »Als Drache ist er übermächtig, aber die Wunden schwächen ihn … Nutze seinen Zauber zu deinem Vorteil. Ein schmaler Weg durch Mauern kann dich retten.« Das Bild verschwand.

Fahid wagte einen Blick auf den Schlosshof. Statt des Drachens stand ein Mann in schwarzem Gewand in dem Blutsee. Seine Augen glichen glühenden Kohlen – Monoluf leibhaftig.

Der Zauberer fluchte in unverständlichen Worten und ging suchend die Schlossmauer ab. Fahid wusste, dass es einen ehrenhaften Kampf Mann gegen Mann mit dem Zauberer nicht geben würde. Vorsichtig tastete er die Nische ab. Einige Steine waren locker und ließen sich nach hinten durchschieben. Ein kleiner Durchschlupf entstand. Behände kroch Fahid hindurch. Monolufs Schritte kamen näher.

»Ich kann dich riechen, Elender«, rief er drohend.

Eilig legte Fahid bis auf einen alle Steine wieder in das Loch.

»Was bist du doch für ein erbärmlicher Zauberer!«, schrie er mit fester Stimme. »Jeder Hofnarr hätte mich schon längst entdeckt, doch du suchst immer noch!«

Im selben Augenblick verdunkelte sich der Eingang zur Nische, standen sich Monoluf und Fahid gegenüber. Bange Sekunden vergingen.

»Jetzt weißt du nicht, wie du mich packen sollst, was?«, Fahid lachte gehässig. Seine Hand tastete nach dem Schwert. Erst jetzt merkte er, dass es nicht mehr in der Scheide steckte.

»Ich bin Monoluf, der mächtige Zauberer. Und du glaubst, dort hinter der Wand sicher zu sein?« Ein böses Lachen erfüllte den Raum.

Triumphierend hielt er Fahids Schwert in die Höhe.
»Deine Kraft schwindet! Als Drache hast du doch schon gegen mich verloren«, meinte Fahid mutig. Die einzige Waffe, die er noch hatte, hing an einem Lederband. Fest umschloss seine Hand den Anhänger, dann riss er die Kette entschlossen vom Hals. »Jeder Gaukler in meinem Land besitzt mehr Magie als du«, höhnte er weiter. »Wenn du noch kannst, verwandle dich in einen Wurm und verkrieche dich zu deiner eigenen Sicherheit in der Erde. Dein Ende ist nah …« Fahids Herz klopfte wild.

Monoluf verzog sein Gesicht zu einer widerwärtigen Grimasse. Seine Stimme klang bedrohlich leise, als er ein paar unverständliche Worte murmelte. Einen Lidschlag später war er verschwunden. Angestrengt äugte Fahid durch das kleine Loch in der Wand. Unwillkürlich drängte er immer dichter an das Mauerwerk, hoffte auf ein verräterisches Geräusch oder einen Schatten. Und dann tauchte der Kopf einer Schlange nur wenige Zentimeter vor seinem Gesicht auf. Fahid wich zurück. Aus glühenden Augen sah sie ihn an, ihr Züngeln glich dem Feuerhauch des Drachen, während sie unaufhaltsam durch den schmalen Durchlass kroch. Fahid zögerte nicht. Kraftvoll stieß er das winzige Schwert in den Hals der Schlange. Mit einem Stein hieb er wieder und wieder auf sie ein, bis die Glut in ihren Augen erloschen war.

Im selben Moment ging ein Beben durch das gesamte Königreich. Die Mauer fiel in sich zusammen und begrub die Schlange unter sich, doch kein einziger Stein traf den jungen Prinzen.

Fahid trat hinaus ins Freie. Die schwarze Wolkendecke riss auf und die Sonne trat hervor. Blumen erblühten und die Wälder im Osten wurden wieder grün. Ein Falke flog auf die Turmspitze und sein schriller Schrei schien den Prinzen zu grüßen. Auch andere Vögel zogen mit einem Male wieder über den blauen Horizont. In den Ställen gackerten Hühner.

Der Bann war gebrochen! Fahid konnte es kaum fassen.

Prinzessin Saramina eilte auf ihn zu. »Dank dir, Fremder! Du hast mein Land befreit!« Ihre Augen strahlten vor Glückseligkeit. Ohne Scheu schlang sie ihre Arme um seinen Hals.

»So lange habe ich dich gesucht!«, seufzte Fahid erleichtert, »auch wenn die Trauer um meine gefallenen Krieger groß ist, so weiß ich doch, dass es richtig war.«

Das Einhorn löste sich aus dem Schatten der alten Tanne. »Er hat es geschafft!«, verkündete es seinen Getreuen. »Schnell, ihr kleinen Elfen. Wir können zurück in unsere Heimat.«

Voll und rund stand der Mond am Nachthimmel, als der Bote im Schloss von König Mussad und Königin Farideh eintraf. Atemlos vom schnellen Ritt überbrachte er die Nachricht: »Prinz Fahid hat den bösen Zauber bezwungen. Die erlöste Prinzessin ist ihm sehr zugetan. So bittet das Paar nun in aller Demut darum, mit den Hochzeitsvorbereitungen zu beginnen ...«

Die Prinzessin am Bachlauf
Wolfgang Rödig

Es war einmal vor langer Zeit ein König, der über ein weithin bekanntes Reich herrschte. Er hatte zwei Töchter. Die jüngere der beiden war eine wunderschöne und immerzu mit frohem Mute durch die Welt wandelnde Maid, die von allen, die ihr begegnen durften, sogleich ins Herz geschlossen ward.

Die ältere, schon zur jungen Frau herangewachsene Prinzessin war ebenso von liebenswertem Wesen und wohlgestaltetem Wuchs. Sie hatte langes schwarzes Haar, das sich auf gar liebreizende Art auf ihr prächtiges Kleid ergoßergoss, wann immer sie im Schloss einer Feierlichkeit beiwohnte. Miralda war der Name dieser Königstochter, und ihr Vater ließ all jene prunkvollen Feste nur abhalten, weil er hoffte, dass sich so einmal ein Freier für sie finden würde. Doch jeder junge Mann von hohem Stande, der zunächst noch von ihrer Erscheinung und ihren strahlenden Augen entzückt war, schrak jäh in demselbigen Moment zurück, in dem ihr Haar ihr Antlitz nicht länger zu verhüllen vermochte. Miralda hatte eine fürchterlich lange warzige Nase und einen viel zu breiten und zudem schiefen Mund und war allen schon zu hässlich, noch ehe ihre allzu großen, weit vom Kopfe abstehenden Ohren zum Vorschein kamen.

Mit jedem Male härmte sie sich tiefer und litt immer stärker unter der Abweisung und dem spöttischen Gebaren. Miralda verschloss sich den Menschen gegenüber und suchte ihr Glück fortan in der Einsamkeit und in der Stille der kleinen lichten Wälder, die das Königsschloss umgaben.

Sie hielt sich nun fast jeden Tag von früh bis spät außerhalb der Mauern auf, wo sie den Tieren gütig begegnete und so rasch deren Zutrauen gewinnen konnte. Sie unterhielt sich gar mit den Rehen und Vögeln und erzählte ihnen von ihrem Gram, auch wenn sie von diesen wohl nur in ihrer Fantasie Mitgefühl und Trost erfuhr. Am liebsten jedoch weilte sie an einem schmalen Bach, in dessen herrlich klarem Wasser sich all die Fische so munter tummelten, wie es das sonst nirgendwo zu sehen gab. Wenn sich aber ihr Angesicht zu deutlich darin spiegelte, ließ sie sogleich manche Träne hineinfallen, sodass es ihr rasch wieder verschwamm.

Eines Tages nun reckte just in einem solchen Augenblick eines der Fischlein sein Köpfchen aus dem frischen Nass, blickte Miralda an, verharrte eine Zeitlang und fragte sodann die bass Erstaunte: »Aus welchem Grund bist du denn so furchtbar traurig?«

Doch sie war zu erschrocken und zu verwundert, um ihm eine Antwort darauf zu geben.

So fuhr das Fischlein fort: »Wie können aus solch schönen Menschenaugen nur solch bitt're Zähren fließen? Hör doch auf zu weinen. Du wirst uns doch nicht das Wasser salzig machen wollen? Nun gut, wenn du mir heute nichts über dich verrätst, so werde ich es eben morgen wieder versuchen.« Nach einem kurzen Abschiedsgruß schwamm es davon und war sogleich aus den Augen verloren.

Miralda fasste sich allmählich wieder, machte sich auf den Heimweg und zweifelte mit jedem ihrer getanen Schritte weniger an der Wahrhaftigkeit des Erlebten. Daheim im Schloss berichtete sie niemandem etwas davon und konnte es kaum erwarten, das Fischlein wiederzusehen.

Die folgende Nacht brachte ihr kaum Schlaf, so ging sie schon frühmorgens wieder hinaus zum Bach, setzte sich an derselben Stelle nieder und harrte voller Neugier der Dinge. Und wie sie so ins fließende Wasser starrte und bei jedem der entlangschwimmenden Fischlein meinte, dass es doch nun das sprechende sein müsste, dachte sie vor lauter Aufgeregtheit gar nicht mehr an ihre Traurigkeit.

Nun war aber schon einige Zeit verstrichen. Miralda wurde der

Sache schon fast überdrüssig, als ein großer Fisch von der anderen Seite her nahte, der gegen die Strömung schwamm und ihr sogleich zurief: »So sei gegrüßt, Prinzessin! Ja, heute gefällst du mir schon besser. Doch nun will ich hoffen, dass ich dir diesmal auch einige Worte zu entlocken vermag. Du kannst mir ruhig anvertrau'n, was dich bedrückt.«

Miralda war erschrocken über den so schuppigen Gesellen, der neben ihr Halt gemacht hatte, da er ihr wenigstens zehnmal so groß erschien wie das putzige Fischlein vom Tag davor. Als er sie aber ein weiteres Mal dazu aufforderte, schüttete sie ihm ihr Herz aus. Und diesmal schien sie gar nicht mehr mit dem Erzählen aufhören zu wollen. Der Fisch hörte sich ihre traurige Geschichte geduldig bis zum Ende an, bedauerte sie und versprach, ihr helfen zu wollen, wenn sie am folgenden Tage wieder zu derselben Stelle käme.

»Doch solltest du darauf gefasst sein«, so mahnte er schließlich noch, »meinen Anblick vielleicht nicht ertragen zu können, dieweil ich morgen noch weiter gewachsen und wohl schon von gar fremder Gestalt sein werde.«

Darauf verließ er sie grußlos und mühte sich schwerfällig den Bachlauf hinauf. Miralda sah ihm gar nicht mehr lange nach, verharrte noch eine Weile am Wasser, wanderte dann ziellos durch den Wald und verlief sich. Und als sie nach einigen Stunden vor dem Schloss stand, wusste sie gar nicht, wie sie nach Hause gefunden hatte, so tief war sie die ganze Zeit in Gedanken versunken gewesen. Sie ließ sich jedoch gar nichts weiter anmerken und ging zu Bett. Und von des Tages Geschehnissen und der schlaflosen Nacht davor unendlich müde, sank sie sogleich in einen tiefen und erholsamen Schlaf, welcher sie nach dem Morgengrauen jedoch mit schrecklichem Mahr zu quälen wusste, in dem sie von einem gar scheußlichen Ungeheuer angefallen und wohl auch verschlungen ward. Sie schrak auf und lag dort noch lange mit bangem Herzen, ehe sie all ihren Mut zusammennahm und sich hoffnungsfroh auf den Weg begab.

Als sie am Bach ankam, stand die Sonne schon recht hoch am Himmel, sodass sie fürchtete, zu spät gekommen zu sein. Auch war kein einziges Fischlein mehr zu sehen. Und gar nichts regte und rührte sich ringsumher, wie sie auch blickte und horchte. Nicht einmal ein Windhauch war zu spüren. Und sogar das Wasser hatte zu fließen aufgehört. So stand sie, von einem seltsamen Grauen bedrückt, als sie hinter sich die vertraute Stimme des Fisches vernahm: »Oh, holde Miralda, befolge meinen Rat, und ich verspreche dir, dass sich dein Leben zum Guten hin wenden wird. Geh nun heim, mach dich nur fein für das rauschende Fest heute Abend, das dein Vater, der König, zu Ehren deiner Schwester geben wird. Sei fröhlich und vergnüge dich und dann sieh, was geschieht.«

Erst jetzt wagte es Miralda, sich umzuwenden. Und anstelle eines grässlichen Fischwesens erblickte sie einen stattlichen jungen Mann mit sanfter Freundlichkeit auf den edlen Gesichtszügen.

Als sie aber ein Stück näher zu ihm hintreten wollte, sprach er nur: »So lebe wohl!«, und wies ihr lächelnd mit der Hand die Richtung, in der das Schloss lag.

Und sie glaubte zu verstehen. So ging sie dankbar von dannen, und ihr war, als ob sie über den Grund nur so dahinschwebte, so leicht fielen ihr die Schritte vor lauter Glück. Daheim tat sie so, wie ihr geheißen, und zog ihr allerschönstes Kleid an. Dann war der Abend gekommen. Und bald schon kehrte gar große Verwunderung ein, denn ein jeglicher der jungen Männer, die diesmal kein anderer Grund dorthin geführt, als dass einer von ihnen ihrer Schwester Bräutigam werden sollte, wollte auf einmal nur noch Miralda zur Frau. Diese war zwar immer noch hässlich, doch nun sahen alle mit dem Herzen, wenn sie ihr ins Antlitz blickten, denn dies hatte der Fisch, der zu dem Jüngling ward, an ihr bewirkt.

Miralda indessen verschmähte jeden der Freier. Sie hatte so sehr gehofft und hoffte noch lange Zeit danach, dass er, in den sie sich unsterblich verliebt hatte, kommen würde, um um ihre Hand anzuhalten. Und wenn sie nicht gestorben ist, sehnt sie sich noch heute nach ihm, starrt in den Bachlauf und lässt manche Träne hineinfallen.

Von Trollen, Elfen, kleinen Riesen und Irrlichtern

Der verfluchte Troll

Corinna Julia Tomovski

Es war einmal ein Troll, der Jonathan hieß. Er lebte im Regenbogenland hinter den Wolken.

An diesem Morgen saß Jonathan vor einer Pfütze und starrte auf sein Spiegelbild. Ihm gefiel nicht, was er sah: Eine Warze verunstaltete das ohnehin schiefe Gesicht mit der knolligen Nase und den wulstigen Lippen, sein Bauch ragte hervor wie ein Ball, und selbst der kleine Blütenstrauch neben ihm sah im Spiegelbild der Pfütze größer aus als er selbst.

Es war kein Wunder, dass die anderen ihn Grufti nannten, so wie er aussah.

Eine Träne löste sich aus seinem Auge, kullerte über die Pausbacke, fiel in die Pfütze und sein Abbild zerfiel in kleine Wellen.

Wenn er wenigstens einen Freund hätte, nur einen einzigen.

Doch dieser Wunsch war unerfüllbar. Seit über eintausend Jahren musste er schon so herumlaufen, weil eine böse Hexe ihn hinterhältig verflucht hatte. Nichts konnte ihm bisher helfen, diesen Fluch zu brechen, dabei hatte er alles Erdenkliche versucht.

Also lebte Jonathan alleine in einer kleinen, versteckten Hütte im Regenbogenwald. Hinaus traute er sich kaum, es sei denn, sein Holz war verbraucht und er musste neues holen. Wenn ihn jemand sah, flüchtete er schnell wieder heim. Jeder war gemein zu ihm.

Jonathan war oft traurig.

Eines Tages, als sein Holzvorrat zur Neige ging, lief er in den Wald. Doch er fand kein einziges Zweiglein. Alles war wie leer gefegt. So musste er tiefer und tiefer in den Wald laufen, obwohl sein Herz ganz arg schlug, so weit fort von seinem Zuhause. Wer war noch im Wald? Würden sie ihn wieder ärgern?

Jonathans Knie zitterten so stark, dass er nur langsam vorankam.

Obgleich er so sehr achtgab, hörte er die leisen Schritte hinter sich zu spät.

Er sprang zur Seite, doch bevor er hinter einem Baum in Deckung gehen konnte, traf sein Blick den eines Fuchses.

Jonathan traute sich nicht, sich zu rühren, also blieb er stehen und sah das Tier nur stumm an. Der Fuchs sah stark und wild aus, sein Fell glänzte und seine Augen blitzten wie schwarze Murmeln.

Er hielt den Kopf stolz erhoben, fragte aber trotzdem freundlich: »Wie heißt du?«

Jonathan traute sich nicht, etwas zu sagen, und so plapperte der Fuchs los.

»Ich bin Fridolin. Stell dir vor, ich habe meine Freunde verloren. Verstehst du?«

Jonathan nickte vorsichtig.

»Was ist, hat es dir die Sprache verschlagen? Kennst du dich hier aus? Vielleicht können wir zusammen ein Stück gehen und meine Freunde suchen?«, fragte der Fuchs.

Der Troll war verdutzt und sprach immer noch kein Wort. Der Fuchs war sehr lieb und es schien ihm nichts auszumachen, dass Jonathan so gruselig aussah und gar nichts sagte.

Also nickte Jonathan schließlich mutig ein zweites Mal.

Gemeinsam machten sie sich auf den Weg durch den Wald.

Der Fuchs erzählte viele Geschichten, die er erlebt hatte. Irgendwann fragte Fridolin, warum er nicht reden mochte. Jonathan gab sich schließlich einen Ruck und erzählte ihm von dem Fluch, den die böse Hexe über ihn geworfen hatte, und auch davon, wie einsam sein Leben nun war. Traurig liefen beide durch die engen Pfadwege des Waldes und sagten lange Zeit nichts.

Auf einmal flog ihnen etwas um die Ohren.

Fridolin und Jonathan erschraken fürchterlich und ein kleiner Vogel stürzte sich vor ihnen auf den Waldboden.

Jonathan und seine neuen Freunde

»Entschuldigung, tschiep tschiep, ich kann noch nicht so gut fliegen. Wenn ich ehrlich bin, fliege ich nicht gern, ich vermeide es, wo es geht. Ist euch etwas passiert?«

Jonathan und Fridolin schüttelten den Kopf.

Der Vogel hieß Lira und war eine Lerche. Sie fragte, was die beiden so vorhätten, und Fridolin berichtete, dass er seine Freunde suche, die er verloren hatte. Jonathan sagte ganz leise, dass er eigentlich Feuerholz suchen wollte und nun dem Fuchs bei der Suche der Freunde half.

Lira hatte Langeweile und fragte, ob sie auch mitkommen dürfe. Sie setzte sich auf den Rücken des Fuchses, und zusammen liefen sie in Richtung der Sonnenstrahlen, die auf einer Lichtung durch die Bäume schimmerten. Auch Lira hörte von Jonathan vom bösen Fluch der Hexe und überlegte, wie sie dem armen, kleinen Troll in der rot-blau karierten Latzhose helfen könnte. Doch auch ihr fiel keine Lösung ein.

So spazierten sie zu dritt weiter, und das erste Mal hatte Jonathan das Gefühl, dass er so gemocht wurde, wie er ist. Keiner lachte über ihn und alle hörten zu, wenn er etwas berichtete. So wurde er mutiger und erzählte einen Witz nach dem anderen. Der Fuchs konnte vor Lachen manches Mal nicht mehr weiterlaufen und die Lerche flog hoch, damit sie nicht von seinem Rücken rutschte.

Jonathan freute sich wie ein kleines Kind und sein Herzchen wurde ganz warm. Er hatte bald das Gefühl, vor Glück ebenso rote Ohren zu haben wie der Fuchs.

Mittlerweile war es dunkel geworden und die neuen Freunde beschlossen, sich einen Platz zum Ausruhen zu suchen. Sie würden morgen weitersuchen. Der Troll und der Fuchs legten sich aneinandergekuschelt auf den Waldboden, und die Lerche machte es sich im Fell des Fuchses gemütlich.

Am nächsten Morgen kitzelte die Sonne frech die Nasen und Ohren der drei Schlafmützen und sie erwachten auf einer mit Blumen übersäten Lichtung. Gemeinsam stiefelten sie munter wieder los, um dem Fuchs zu helfen. Der Troll freute sich, endlich eine Aufgabe zu haben und nicht mehr alleine in seiner einsamen Waldhütte sitzen zu müssen. Die Lerche war sowieso aufgeregt. Sie saß heute bei Jonathan auf der Schulter und pickte ihm immer in seinen Nacken.

Das war für den kleinen Troll ein bisschen kitzelig, aber schön. Lira war froh, endlich Abenteuerluft zu schnuppern und war gespannt, was sie noch erleben würden.

Auf einmal blieb der Fuchs stehen. Der Troll und die Lerche guckten ihn mit großen Augen an. Sie verstanden nicht, warum er eine Pause machte.

Fridolin berichtete, dass sie bald durch eine Höhle laufen müssten, in der es furchtbar dunkel wäre und sogar spukte.

Jonathan und Lira bekamen Angst.

»Ich kann auch alleine weitergehen«, sagte Fridolin. »Das macht mir nichts aus.«

Er hielt den Kopf noch immer stolz erhoben, aber seine zitternde Schwanzspitze strafte den kleinen Fuchs Lügen.

Jonathan und Lira schüttelten beide gleichzeitig den Kopf.

Der kleine Troll sprach aus, was beide dachten: »Nein, wir kommen mit. Freunde halten immer zusammen, auch wenn es mal nicht einfach ist.«

Alle drei traten zusammen und legten ihre Pfote, ihren Flügel und den haarigen Fuß in die Mitte. Sie sprachen: »Wir halten zusammen, egal, was kommt. Wir lassen uns nicht unterkriegen.«

Jonathan kicherte nervös.

»Jetzt sind wir alle im Club der Unbesiegbaren, oder? Denn wenn man glaubt, dass man alles schaffen kann, ist man doch unbesiegbar?«, fragte er. Die anderen nickten eifrig.

Fridolin und Lira fanden das super. Sie suchten im Wald lange Grashalme und bunte Blüten zusammen und bastelten sich aus diesen drei Armbänder. So konnte ab jetzt jeder sehen, dass sie zusammengehörten.

Mutig zogen sie weiter und sangen fröhliche Lieder.

Es war ein schöner Tag – und die Sonne schien in den schillerndsten Farben durch das Blätterdach des Regenbogenwaldes.

Als die Höhle in Sicht kam, guckten sich die Freunde entschlossen an und waren sich sicher, das Böse, das in der Höhle lauern könnte, gemeinsam zu besiegen.

Vorsichtig tappten die drei über den kahlen Felsboden der dunklen Grotte. Im Inneren der riesigen Höhle war es ziemlich leise; man hörte nur hier und da ein paar Wassertropfen, die irgendwo hinunterplätscherten, sonst war nichts zu hören. Sie versuchten möglichst leise zu gehen und nichts zu stören, was hier wohnen könnte. Die Lerche krallte sich vor Angst mit ihren Füßen so fest in das Fell des Trolls, dass dieser plötzlich einen Schmerzensschrei ausstieß.

Alle drei erstarrten.

Was auch immer in dieser Höhle wohnte, musste sie gehört haben.

Zitternd und bebend gingen sie weiter. Der Troll hielt sich am Schwanz des Fuchses fest, um diesen nicht zu verlieren. Aus der Ferne erklang gemeines Gelächter. Alle drei zuckten zusammen und gingen schneller. Sie mussten über große Steine klettern und über breite Pfützen springen und wurden dabei ziemlich nass. Es war sehr kalt in der Höhle, weil hier niemals die wärmenden Strahlen der Sonne den feuchten Steinboden erreichten. Sie beeilten sich und rannten immer schneller. Das war gar nicht so einfach, weil die Höhle immer finsterer wurde, je tiefer sie hineingingen. Das Lachen kam dafür immer näher, aber bald konnten sie schon das warme Tageslicht am Ende der Höhle erahnen.

Würden sie es zum Ausgang schaffen?

Sie flüsterten immer wieder: »Wir halten zusammen, egal was kommt, wir lassen uns nicht unterkriegen.« Die Lerche nahm ihren ganzen Mut zusammen und flog voraus, um zu schauen, wer da so gemein lachte und ob Gefahr für die Freunde drohte. Zum Glück war die Luft rein und der Troll und der Fuchs waren flink hinterhergekommen. Doch kurz bevor sie den Ausgang erreichten, tauchte wie aus dem Nichts die böse Hexe, die Jonathan verflucht hatte, vor ihnen auf.

Sie lachte ganz fürchterlich und sagte:

»Ha, ich kenne dich, kleiner Troll. Mein Fluch hat also Bestand, und das nach so vielen Jahren, hahaha!« Die Hexe rieb sich freudig die Hände.

Die Lerche flog unbemerkt hinter die böse Hexe und piekste mit ihren Krallen auf deren Kopf mit dem wuscheligen, schwarz-grauen Haar. Wie wild fuchtelte sie mit den Armen um sich und versuchte Lira zu treffen, doch der kleine Vogel zwickte mit seinem Schnabel immer wieder durch das Haar und in das runzelige Ohr. Dadurch abgelenkt, konnte sie nicht verhindern, dass sich Jonathan und Fridolin unbemerkt aus der Höhle schlichen. Als sie außer Sichtweite waren, flog Lira schnell flatternd hinter ihren Freunden her. Die kleine, krummgebeugte Hexe blieb schimpfend in der Höhle zurück, denn sie hasste die warmen Sonnenstrahlen.

Blöde, böse Hexe! Jonathan war wieder traurig. Das Gefühl hatte er nicht vermisst. Er wischte sich eine Träne von der Wange.

Doch dieses Mal war er nicht alleine. Er hatte seine neuen Freunde. Fridolin stupste ihn mit der Schnauze an und drängte sich tröstlich gegen Jonathans Bein, Lira flatterte zwitschernd und torkelnd um seinen Kopf, bis er lachen musste.

Sie gingen weiter der wunderschönen Lichtung entgegen, die in einem Meer von Farben versank.

Ein großer Regenbogen spannte sich über der bunten Blumenwiese auf, und die Sonnenstrahlen, die durch ihn hindurchbrachen, fielen glitzernd auf einen riesigen See.

Was für ein Anblick! Alle drei liefen schneller.

Vielleicht waren die Freunde des Fuchses hier zu finden? Im Sauseschritt ließen sie den langen Weg hinter sich und freuten sich auf ein erfrischendes Bad im glasklaren Seewasser.

Als sie erschöpft am See ankamen, waren viele Tiere zu sehen.

Der Fuchs wedelte mit seinem Schwanz vor Freude und schrie nach seinen Kumpanen. Tatsächlich konnte er seine verlorenen Freunde direkt am Seeufer entdecken. Die Füchse eilten freudestrahlend auf ihn zu. Sie beschnupperten sich und jaulten um die Wette.

Lira flog aufgeregt in der Luft umher und wusste gar nicht, wo sie sicher landen konnte. Jonathan freute sich sehr für Fridolin und umarmte dessen Freunde, kraulte hier einen flauschigen Nacken und streichelte dort einen glänzenden Rücken. Er wurde auch von ihnen begrüßt und mit in die Runde aufgenommen.

Bevor es dunkel wurde, gingen die Freunde zum See, um zu baden. Jonathan sah plötzlich sein Spiegelbild im Seewasser und erschrak. Sein Aussehen hatte er ganz vergessen. Es war zur Nebensache geworden. Es war egal, weil er gelernt hatte, dass das Aussehen nicht das Wichtigste ist, um Freunde zu haben, die zu einem halten. Er lächelte sein Spiegelbild im funkelnden Wasser an und sein Herz war rein wie nie zuvor.

Als er dieses Gefühl verspürte, tauchte eine Meerjungfrau aus dem Wasser auf.

Sie war so schön wie der Glanz der Morgensonne . Jonathan konnte seine Augen nicht von diesem wundersamen Wesen mit den überlangen Haaren lassen und vergaß alles um sich herum.

Die Meerjungfrau schwamm auf Jonathan zu und zog ihn zu sich ins Wasser. Sie küsste ihn ganz vorsichtig, und mit einem Mal knallte es so laut, dass der Troll erschrak.

Fridolin und Lira wedelten am Ufer mit Pfoten und Flügeln und schrien aufgeregt.

»Jonathan! Es ist vorbei! Der Fluch ist gebrochen!«

Jonathan schaute verdutzt an sich herunter und sah Wunderbares.

Er war wieder der Prinz, der er vor seinem Fluch gewesen war. Groß, von der Sonne gebräunt mit dunklen Haaren und blauen Augen. Die Meerjungfrau tauchte wieder ins Wasser, drehte sich noch einmal um und rief:

»Der Fluch ist gebrochen. Du weißt jetzt, dass es nicht auf dein Aussehen ankommt, sondern auf dein Herz, und du magst dich so, wie du bist. Auf Wiedersehen, lieber Prinz!«

Prinz Jonathan lebte fortan glücklich und zufrieden mit seinen Freunden im Regenbogenland hinter den Wolken.

Und wenn sie nicht gestorben sind, dann leben sie noch heute.

Der kleine Riese Häggy
Friedrich Csiky

Es waren einmal drei Brüder, die am Rande eines Gebirges zusammenlebten. Die Eltern waren früh verstorben, woraufhin sich Erst- und Zweitgeborener als die gesetzgebenden Kräfte des elterlichen Hauses ansahen. Sie waren Riesen, baumlang, dazu hatten sie große Muskelkraft, die ihren Verstand um ein Vielfaches übertraf. Immer wieder duellierten sie sich in offenen Zweikämpfen. Manchmal hingen sie der Länge nach an Felsvorsprüngen, um sich im Klimmzugwettbewerb zu messen oder rangen urkräftig miteinander. Doch die Lieblingsdisziplin der beiden war der Stammweitwurf. Hierzu rissen sie stramm stehende Bäume aus und warfen diese, so weit sie konnten, übers offene Feld. Des Abends konnte man im Haus den Jammer des Waldes über die verlorenen Kinder vernehmen: Knarzen, Brechen und ein fahler Flötenton durch Laub und Geäst.

Nur der Jüngste hatte ein offenes Ohr für des Waldes Klagen, doch wusste er nicht zu helfen. Überhaupt unterschied er sich sehr von seinen beiden Brüdern. Man kann sagen, er hatte es nicht einfach mit ihnen. Sie konnten nichts mit ihm anfangen, da er nur bedingt ein Riese war; allein unter den Menschen der Längste, in der Welt der Riesen hingegen kindsgleich. Besagtes brachte die Brüder dazu, seinem Namen den wenig schmeichelhaften Zusatz „halbstark" zu verleihen. Sie machten Späße
mit Häggy, die für ihn keine waren. Er litt unter dem sogenannten Piccolo-Syndrom, eine unter Riesen sehr, sehr seltene Krankheit, die ihn nur halb so lang wie seine Brüder werden ließ. So fehlte ihm auch die Kraft, sich mit ihnen zu messen. Tag ein Tag aus wurde

er seiner Einschränkung wegen schikaniert und zu den dreckigsten Arbeiten verdonnert. Er hatte für das Essen zu sorgen sowie jedwede den Haushalt betreffende Arbeit zu verrichten. Hatten die Brüder nichts zu beanstanden, ward das Mahl ihren Geschmäckern gerecht, so fiel dem Jüngsten ein Stein vom Herzen, wenngleich ihm niemals Dank ausgesprochen wurde. Doch wehe ihm, wenn etwas nicht passte, und sei es nur die Laune des im Zweikampf Unterlegenen. Schläge mit dem Gürtel prasselten dann nicht selten, wenngleich ein Spaß daraus gemacht wurde, den die Brüder feierten. Häggy wusste manchmal nicht, ob er wütend oder mitleidig sein sollte, war er sich doch des niederen Verstands der beiden bewusst.

Eines Tages gingen die Brüder wieder einmal hinaus, die vorderen Baumreihen roden, um neues Spielzeug zu basteln. Der Wald hatte den Tag zuvor außerordentlich geseufzt. Häggy war schon am Morgen durch die Brüder gezüchtigt worden. Sie hatten schlecht geschlafen, der Wald sang die Klagelieder in dieser Nacht gar zu laut. Sie nahmen den Kleinen auf und schmissen ihn sich gegenseitig zu. Hin und her. Es sah aus, als würden sie Ball spielen. So saß der Jüngste unter bitteren Tränen im Haus, während die Brüder draußen wüteten. Er sann über sein trostloses Leben nach und verzweifelte an dem, was kommen würde. In seiner Niedergeschlagenheit beschloss er, sich keinen weiteren Tag der Willkür seiner Brüder zu unterwerfen. Er fasste die Entscheidung, auszureißen, fortzugehen und nicht so schnell wiederzukehren. Trotz der Grobheit seiner Brüder liebte er sie und wünschte ihnen nichts Böses. Er packte ein wenig Proviant in einen alten verschlissenen Jutebeutel und verließ das Haus. Um ihnen nicht zu begegnen, lief er westwärts. Wie er durch den Wald ging, versunken in Gedanken, hörte er in der Ferne die kreischenden Töne des Unverstands. Er blieb einen Moment stehen, als wollte er es sich noch einmal überlegen.

»Bumm«, »Brrratsch«, »Muuuooommpf« tönte es von fern. Rasch auffahrend lief er strammen Schrittes weiter, Tränen quollen ihm aus den Augen. Er lief und lief, schneller, immer schneller, bis er plötzlich durch eine wuchtige Wurzel von den Beinen geholt wurde.

»Aua!«, schrie er laut aus und klatschte vornüber auf den Waldboden.
»Es geschieht ihm recht!«, sprach es von irgendwo.
Der kleine Riese blickte verwirrt umher, um die Stimme zu orten.
»Wer spricht da? Du, Eiche?«
»Ganz recht«, erklang unter säuselnden Blättern die tieftönig-dumpfe Stimme. »Die Riesen treiben wieder ihr Unwesen, entreißen uns des Bodens und katapultieren uns aufs weite Feld, wo wir unser trostloses Grab finden. Woran liegt's? Einhalt! Hilfe!«

Häggy antwortete betroffen: »Bei Gott, ich wünscht', ich könnt' euch helfen. Warum aber lässt du mich derart fallen? Ich tu euch kein Leid an.«

Da beschaute der Baum ihn sorgfältig und sprach: »Nicht vom Schlage derer, die uns gefährlich werden könnten. Die Kraft wird nicht reichen. Ein Mittler zwischen Mensch und Riese. Wusst's nicht besser einzuschätzen, er kann gehen.«

Häggy verspürte Mitgefühl, da er wusste, dass die Brüder früher oder später auch in diese Ecke des Waldes kommen würden, um ihrer Zerstörungswut zu frönen. Er gab dem Baum ein Versprechen. Er werde dem Wald helfen, wenngleich er noch nicht wüsste, wie. So zog er von dannen. In Gedanken versunken ging er seines Weges. Gequält von der Einsamkeit, die ihn schon lange erdrückte. Er hatte niemanden, der ihn verstand, keinen Gleichgesinnten.

Er lief lange Zeit; es ging über Stock und Stein, vorbei an Misch- und Nadelholz, er schwamm durch Flüsse, lief auf ewig mäandernden Wegen und erklomm endlich einen felsigen Hügel, von welchem er ins Tal hinabblicken konnte. Es war eine sengende Hitze, durch die er verschwommen am Fuße des Hügels eine unscheinbare Menschenhütte wahrnahm. Ewigkeiten hatte es nicht geregnet. Selbst der seichte, heiße Wind seufzte laut in seinem langen, wie durch Feuerfunken knisternden Hauch. Er hatte nur noch ein Stück Brot und einen letzten Schluck in seiner Flasche, er war müde und am Ende seiner Kräfte. Darum freute es ihn umso mehr, dieses Zeugnis menschlicher Natur dort unten zu erblicken. Er rannte sogleich den Hügel herab.

An der Hütte angekommen, bückte er sich und klopfte zaghaft an die Tür. Es öffnete eine Menschengestalt, wesentlich kleiner als der kleine Riese.

»Ich kann nicht helfen!«, sprach der hagere, von der Sonne schwarz verbrannte, kleine Mann. »Bin nur ein einfach Bäuerlein, die Hitze setzt uns zu. Der Brunnen wird die Tage versiegen. Sieh! Das Gras ist schon verbrannt, das Korn dahin. Die Henne legt kein Ei und die Sau wird nicht fett. Und mein Kapital, die Kuh, klagt – kein Tropfen Milch. Hast du vielleicht Hilfe anzubieten, Riese?«

Häggy griff müde in seinen Beutel, zog sein letztes Stück Brot und die Flasche mit dem verbleibenden Rest heraus und legte diese vor die Füße des zerlumpten Menschleins.

»Mehr habe ich nicht zu schenken, mehr habe ich nicht bei mir.«

Das Bäuerlein machte große Augen, es war ganz entzückt und sprach: »Ein Schluck für dich aus deiner Flasche sind mir etliche! Und das Brot! Ein Biss für dich und es ist weg und sogleich verdaut. Es bringt dir wenig, doch mir würd's Tage helfen!«

Der kleine Riese erkannte, was der Mensch meinte und überließ ihm Trank und Brot. Freudig glänzten die kleinen Knopfaugen des hageren Kerlchens. Als Gegenleistung könne der kleine Riese vorerst einen Platz am Brunnen vor der Hütte bekommen. Dieser Brunnen hatte eine hohe sternenförmige Dachkonstruktion, die ein wenig Schatten über den Tag abwarf. Dort könne er auch seinen Kopf zum Schlafe auf den daneben liegenden Strohballen legen. Ehe sie bettwärts gingen, ließ sich das Bäuerlein die Geschichte des kleinen Riesen erzählen. Es war voll von Mitgefühl, wenngleich es nichts weiter sagte. Wie das ausgezehrte Männlein zu später Stunde auf seinem dürftigen Strohbettchen lag, hörte es den kleinen Riesen am Brunnen jämmerlich schluchzen. Häggy dachte über seinen Fortgang von Zuhause, über die Klagen des Waldes und wie es weitergehen sollte, nach. Er kam sich klein und hilflos vor und wusste nicht, was zu tun war. Er begann bitterlich zu weinen, so lange, bis sich sein Körper vor Erschöpfung der Müdigkeit ergab.

Am Morgen darauf trat das Bäuerlein vor die Hütte.

Der kleine Riese Häggy

Noch müde gähnte es vor sich hin, als ihm das Maul nicht wieder zugehen wollte

Mit schriller Stimme schrie es aus: »Wie kann das sein? Bin ich denn im Fieber, hat mir die Hitze den Verstand geraubt?! Alles grünt! Riese! Riiiese!«

Der kleine Riese hob seinen schweren Kopf vom Strohballen und blickte wirr, selbst nicht weniger verblüfft, um sich. Häggy hatte die ganze Nacht geweint, und jede Träne, die aus seinen Augen floss und den Boden berührte, ließ diesen frische Gräser und Blumen hervorbringen. Auch der versiegte Brunnen war mit dem Tränenfluss des kleinen Riesen gefüllt worden. Häggy war sich der Kraft seiner Tränen nicht bewusst; so etwas hatte er noch nie zuvor erlebt. Sogleich fiel das Bäuerlein auf die Knie und riss büschelweise frisches, saftiges Gras heraus, an welchem es genüsslich roch. Dann lief es im Freudentaumel auf den kleinen Riesen zu, um ihm überschwänglich zu danken. Auch Häggy war lange nicht so heiter gewesen, freute es ihn doch, diesem kleinen ausgemergelten Bäuerlein geholfen zu haben, wenn er auch nichts weiter dazu konnte. Die Kuh fraß vergnügt wie lange nicht. Und zum Erstaunen der beiden wuchs ihr Euter in einer Geschwindigkeit, dass man zusehen konnte, bis es wie ein prall gefüllter Ballon war, den es sogleich zu melken galt. An Wasser sollte es dem Bäuerlein nie wieder fehlen, der Brunnen blieb gefüllt, gleich, wie viel man herausschöpfte und egal, wie heiß es war. Nicht lange, und der kleinen bäuerlichen Wirtschaft ging es wieder gut. Häggy beschloss, einige Zeit auf dem Hof zu bleiben und dem Menschlein zur Hand zu gehen: Stroh binden, die Tiere pflegen und das Feld bestellen waren mitunter seine Aufgaben.

Sieben Monate vergingen, ehe das Bäuerlein zu Häggy sagte, er solle sich wieder auf den Heimweg machen. Er habe ihm ein Wunder zur rechten Zeit beschert und tüchtig sei er auch gewesen, doch wäre es jetzt an der Zeit, nach Hause zu gehen, hatte er doch nie vergessen, wie der kleine Riese ihm in jener Nacht sein Leid klagte; es musste geklärt werden. Das Bäuerlein stattete den kleinen Riesen mit reichlich Proviant aus und dankte ihm zum Abschied noch viele Male.

So verließ Häggy den Hof, um zu seinen Brüdern zurückzukehren, doch war ihm gar nicht wohl bei dem Gedanken. Er wusste nicht, wie er sein Versprechen dem Baum gegenüber einlösen sollte. Doch war er fest entschlossen, den Brüdern die Meinung zu sagen, komme, was wolle. Dem Wald musste schnell geholfen werden, und dieser Weg führte nur über die zwei wütenden Brüder. Häggy lief denselben Weg zurück, wie er ihn gekommen war, beinahe. Er verlief sich hier und da, um dann wenig später wieder einen Baum oder Stein zu erkennen, den er sich im Gedächtnis behalten hatte. Die letzten Hügel hin zum Waldstück um das elterliche Anwesen ging er sehr langsam; er hatte Angst. Er ahnte das Schlimmste.

Er lief um die letzte Biegung und erblickte am Ende des Trampelpfades das Haus und die große Wiese davor. Häggy konnte keinen seiner Brüder hören, kein Geschrei, kein krachendes Wurzelwerk, nichts. Vor dem Haus schließlich angekommen, blickte er gen Wald, da traute er seinen Augen kaum. Denn wo früher die Brüder wüteten, tiefe Krater und lichte Flächen hinterließen, waren nun sprießende junge Bäumchen. Erstaunt und fassungslos wegen des wunderlichen Glücks lief er das umliegende Waldstück ab. Da ertönte ein Pfiff, kurz darauf ein langgezogenes, trocken gehauchtes »Heeeeey!«. Der kleine Riese schaute sich um und sah, wer es war: Die Eiche! Häggy fragte aufgeregt, ohne lange Vorrede, was geschehen war.

»Seit wir uns das letzte Mal gesehen haben, ist einige Zeit vergangen. Wir, der Wald«, sagte der Baum, »wir waren sehr, sehr überrascht vom Wandel der Riesen. Sie weinten um den verlorenen Bruder, sie schluchzten und besannen sich. Sie fragten uns, den geschändeten Wald, wo er wäre, der verschollene Bruder. Wir zählten eins und eins zusammen – warst du nicht der, der Hilfe versprach? Und der entlaufene Bruder? Sie waren schuldbewusst. Eigner eines derart groben Verstands, wenig empfindsam, aber schuldbewusst. Wir erzählten vom Versprechen, das du uns gabst. Dieses Versprechen wurde durch sie eingelöst. Jeden Tag kamen sie zu pflanzen, wo gepflanzt werden musste, und zu lichten, wo gelichtet werden musste.«

Verwundert hörte sich Häggy die Geschichte an, klangen die Brüder hier gar zu fremd. Verwirrt lief er zum Haus, entschlossen einzutreten.

Sowie die Brüder ihn zu Gesicht bekamen, umarmten sie ihn und einander. Er konnte es nicht glauben, er war fassungslos vor Freude. Sie gestanden ihre Grobheit und entschuldigten sich für ihre Unvernunft. Denn erst, als sie ihn verloren hatten, wurden sie sich ihres beschämenden Verhaltens bewusst. Fortan wurde Häggy von den Brüdern mit Achtung behandelt, da auch sie erkennen mussten, dass die Länge nichts mit der Größe eines Riesen zu tun hat. Die Arbeiten im Haus wurden aufgeteilt und dem Stammweitwurf fielen nie wieder gesunde Bäume zum Opfer. So hörte man den Wald nicht wieder klagen und Häggy sollte sich nie wieder erniedrigen lassen müssen. Im Gegenteil, sie lebten in Harmonie. Und wenn sie nicht gestorben sind, so leben sie noch heute.

Die Geschichte vom nie in die Irre gehenden Irrlicht Irrfred

Susanne Schnitzler

Jedes Kind weiß, was ein Irrlicht ist: Es soll Wanderer mit seinem Licht vom richtigen Weg abbringen und in die Irre führen. Viele Leute glauben, Irrlichter seien die Seelen von Menschen, die sich an der gleichen Stelle verlaufen und nicht wieder zurückgefunden haben. Und für manche Leute ist das Irrlicht ein vom Himmel gefallener Stern, der den Weg nach Hause sucht. Aber genau weiß es niemand. Und die Irrlichter selbst verraten natürlich nichts.

Normale Irrlichter kennen ihren Irrweg. Sie laufen immer eine bestimmte Strecke, blinken und leuchten und warten darauf, dass ein dummer Mensch ihnen hinterherläuft. Irrlichter kennen also immer mehrere Wege: den richtigen (klar, sonst könnten sie ja niemand in die Irre führen), aber vor allem auch die Irrwege, die nicht an das gewünschte Ziel führen.

Aber – oh, weh! Irrlicht Irrfred kannte keine Irrwege! Er kannte nur richtige Wege. Das war ihm immer furchtbar peinlich, weil die anderen Irrlichter natürlich damit prahlten, wie viele Leute sie schon an der Nase herumgeführt hatten. Oh, wie schämte sich unser armer Irrfred dann! Er wäre doch so gerne auch ein wahres, echtes, irrlichterndes Irrlicht gewesen!

Eines Tages kam ein mächtiger Zauberer in Irrfreds Wald. Er hatte eine Karte in der Hand, aber es war schon stockdunkel. Darum konnte er sie nicht mehr lesen. »Oh wei, oh wei«, sagte er und strich über seinen langen weißen Bart, der in der Düsternis richtig grau aussah.

Irrfred und der Zauberer

»Wie soll ich nur zum Mittelpunktschloss kommen, wenn ich die Karte gar nicht lesen kann?«

Man sollte jetzt eigentlich denken, dass ein mächtiger Zauberer sich doch ein Leselicht zaubern könnte, oder?

Stimmt. Normalerweise kann er das. Aber dieser Zauberer, der Große Konradus, war gerade furchtbar erkältet und nieste das Licht immer wieder aus. Das verbrauchte zu viel Energie, darum ließ er es lieber sein. Schließlich wollte er ja noch frisch und fröhlich seinen Weg beschreiten. Oder zumindest wollte er weiter vorwärtskommen, das mit dem Frisch und dem Fröhlich musste einfach warten bis nach der Erkältung.

Während er also seinen Bart strich, flackerten in seiner Nähe plötzlich zwei Irrlichter auf. Eines davon war natürlich Irrfred. Das andere war der Vorsitzende der Irrlichtergemeinschaft »Blink«, kurz IG Blink. Er grinste den armen Irrfred hämisch an und blinkte: »Das ist deine letzte Chance, ein echtes Irrlicht zu sein. Sonst lehnen wir deinen Antrag auf Mitgliedschaft einfach ab!« Dann verschwand er und ließ Irrfred mit dem Großen Zauberer alleine.

Als ob ein Zauberer sich von einem Irrlicht verirrlichtern ließe, dachte Irrfred und hockte sich traurig auf einen großen Felsen.

Der Große Konradus wusste natürlich sofort, was in dem kleinen Irrfred vorging. Er setzte sich neben ihn und legte ihm kameradschaftlich den Arm um die Flamme.

»Warum bist du denn so traurig?«, fragte er mitleidig.

»Weil ich keine Irrwege kenne. Ich kann die Leute immer nur auf den richtigen Weg führen.« Irrfred schniefte leise.

»Ich verstehe. Kannst du denn nicht andere Irrlichter nach den Irrwegen fragen? Unter Kollegen hilft man sich doch aus!«

Irrfred starrte den Großen Konradus entsetzt an. »Ein Irrlicht fragt doch nicht nach dem Irrweg!«

»Das wäre in der Tat lächerlich«, stimmte der Große Konradus ihm zu. »Aber wenn du die richtigen Wege kennst, kennst du doch bestimmt den Weg zum Mittelpunktschloss?«

Irrfred nickte eifrig. Aber dann sackte er gleich wieder traurig in sich zusammen. »Ich darf dich nicht führen. Dann lehnt die IG Blink meinen Aufnahmeantrag ab.« Jetzt schluchzte er laut.

»Hm, hm.« Der Große Konradus nickte. »Das ist ein echtes Problem.« Er kraulte seinen Bart. Und dann kraulte er ihn noch einmal. Und dann hatte er eine Idee: »Du bringst mich zum Mittelpunktschloss und ich schenke dir einen Zauber, der dir in Zukunft immer einen richtig irren Irrweg leuchtet. Einverstanden? Und die Sache mit der IG Blink kriegen wir hin.« Er flüsterte Irrfred einen absolut irrwegigen Plan ins Ohr. Dann hielt er ihm die Hand hin und Irrfred schlug begeistert ein.

Fröhlich flackerte Irrfred dem Großen Konradus auf dem Weg zum Mittelpunktschloss voran. Als sie noch ungefähr fünfzig Meter geradeaus zu laufen hatten, sprang Irrfred hoch in Luft. Konradus zauberte unauffällig eine kleine weißgetünchte »1« an den Baumstamm rechts am Weg. Natürlich konnte nur Konradus das sehen. Dann flitzte Irrfred wie irre kreuz und quer durch die Gegend. An jeder Wegbiegung hopste er wieder hoch und Konradus zauberte eine weitere Zahl an die Bäume, die untereinander mit ebenfalls nur für Konradus sichtbaren weißen Linien verbunden waren.

Beide hatten einen Heidenspaß an der Irreführung, aber als Konradus die »33« an einen dicken Baumstamm bei einer Lichtung zauberte, war er schon ziemlich außer Atem. Also hielt Irrfred inne und schlug noch einen Freudensalto. Konradus zog seine Karte aus der Tasche, zauberte eine Kopie davon und bestreute sie mit dem mittelirrigen Irrwegzauber. Einmal pustete er darüber und reichte die Karte dann an Irrfred weiter. Der steckte sie blitzschnell ein, denn er hörte den Abgesandten der IG Blink hinter dem Gebüsch heranknistern.

Konradus zwinkerte Irrfred noch einmal zu und rief dann böse: »Oh, du hinterlistiges Irrlicht, was hast du getan? In die Irre hast du mich geführt! Wie soll ich denn zum Donnerblitzundirrlichtwetter hier jemals wieder herausfinden?« Er drehte um und sah gerade noch, wie das zweite Irrlicht Irrfred eine feuerfeste Mitgliedskarte zwischen die Flammen heftete und mit ihm verschwand.

»Tja«, murmelte Konradus vergnügt. »Dann will ich mal wieder zurückgehen.« Ruhig und bedächtig schritt er den Weg ab, den er mit den Zahlen markiert hatte und löschte im Vorübergehen alle Markierungen wieder aus. Dann spazierte er seelenruhig hinunter zum Mittelpunktschloss.

Dort, wo sich die Grenze befindet zwischen Schlaf und Traum, gibt es ein Land voller Zauber und Farben. Manchen Kindern gelingt es, in ihren Träumen dieses Land zu betreten und dort aufregende Abenteuer zu erleben. Anderen wieder ist es möglich, ihre Erlebnisse nach dem Erwachen weiterzuerzählen oder sogar in wundervollen Bildern festzuhalten. Lass uns gemeinsam in dieses Land reisen, in dem die wunderlichsten Wesen leben. Schau genau hin und lausche, dann wirst auch Du sie entdecken können.

Tani sucht einen Freund

Simone Bischoff

Die Sonne schien durch das Laub der uralten Bäume und malte lustige Kringel auf die Lichtung. Das Gras wiegte sich im warmen Sommerwind und die Blumen nickten Tani, dem kleinen Elfenmädchen, zu. Sie saß auf einem dicken Moospolster und ließ ihre zarten Flügelchen traurig hängen. Ja, sie war so traurig, dass ihre Flügel, die sonst in allen Farben schillerten, jetzt matt und grau an ihr herabhingen. Die anderen Elfenkinder schwirrten über die Lichtung und spielten Fangen zwischen den Blüten und Grashalmen. Lachen klang zu Tani herüber, doch sie ließ sich davon nicht anstecken.

Ein Elfenjunge mit zartblauen Flügeln, die im Sonnenlicht seidig schimmerten, löste sich aus dem fröhlichen Treiben. Tani erkannte in ihm Tori, den stillen Elf aus der Nachbarblüte. Er kam auf sie zu.

»Hey, Tani, was ist los? Du sitzt hier wie eine kleine Regenwolke. Komm doch mit und spiel mit uns.«

Tani schaute Tori traurig aus ihren großen Augen an. Eine kleine Träne löste sich aus dem Augenwinkel und kullerte über ihre Wange.

»Ach, Tori, schau doch nur. Alle auf der Wiese haben jemanden, mit dem sie spielen und reden können. Nur ich habe keinen Freund und bin allein.«

Tori sah auf die Lichtung. Tani hatte recht. Keines der Elfenkinder war allein.

»Warum suchst du dir nicht auch einen Freund, mit dem du über alles reden kannst und der mit dir spielt? Von allein wird keiner kommen. Es gibt bestimmt jemanden, der dich gern haben wird.«

»Du meinst, ich soll einfach losgehen?«

»Klar, du wirst sehen, bald hast du auch einen Freund und bist nicht mehr allein.«

»Ach Tori, danke für deinen Rat.« Ein Lächeln huschte über Tanis Gesicht und ihre Flügelchen sahen schon gar nicht mehr ganz so grau aus. Sie eilte zu ihrer Blüte, verabschiedete sich von ihrer Mutter und ihrem Vater und flog in Richtung Waldrand, ohne noch einmal zurückzublicken. So konnte sie nicht sehen, dass nicht nur ihre Eltern ihr hinterher sahen, sondern auch Tori ihr mit seinen Blicken folgte.

Tani war es etwas unwohl, denn sie hatte noch nie ihre Heimatlichtung verlassen. Mit bangem Herzen flog sie in den Wald. Die Kronen der uralten Tannen schluckten das Licht und warfen düstere Schatten auf den Waldboden. Dort lagen vermoderte Wurzeln und Äste, stachliges Brombeergestrüpp rankte sich durch das Dickicht und Pilze verbreiteten ihren aromatischen Duft. Wie froh war Tani, dass sie fliegen konnte! Doch sie musste aufpassen. Wie leicht konnte sie mit ihren zarten Flügeln an Ästen und Tannennadeln hängen bleiben und sich dann verletzten. Am liebsten wäre sie zu ihrer sonnigen Lichtung zurückgekehrt, aber dann würde sie weiter allein bleiben.

Lange flog sie, ruhte sich auf Ästen aus und trank den Nektar der Waldblumen, um wieder zu Kräften zu kommen. Längst schon war von ihrer Lichtung nichts mehr zu sehen und die Sonne versank ganz langsam. Im Wald wurde es immer düsterer. Plötzlich hörte Tani ein Poltern ganz in ihrer Nähe. Sie drehte sich in die Richtung, aus der das Getöse kam und wäre fast mit einem riesigen Wesen zusammengestoßen. Erschrocken sahen sich beide an. Tani schaute in große, kohlrabenschwarze Kulleraugen, die sich in einem Gesicht befanden, das wie aus Stein gemeißelt erschien. Seine Haut war grau und an manchen Stellen grün, so, als wäre sie mit Moos bedeckt. Seine Haare standen in strubbligen Strähnen in alle Himmelsrichtungen. Tani entdeckte Zweige und verwelkte Blätter in ihnen, die dort wohl schon seit einer Ewigkeit festhingen. Es hätte sie nicht gewundert, wenn sie in all dem Wirrwarr ein Vogelnest entdeckt hätte.

Halt suchend klammerte sich der merkwürdige Geselle mit seinen großen Pranken am nächsten Baumstamm fest, der protestierend knarrte.

»Wer bist du denn?«, fragte er mit einer Stimme, die wie zerbrechendes Holz klang.

»Ich bin Tani von der Elfenlichtung«, antwortete sie, ohne ihn aus ihren Augen zu lassen.

»Ich bin Knorf von den Waldschraten«, stellte sich der wilde Bursche vor. »Die Sonne geht unter und ich kann endlich raus und zwischen den Bäumen und Felsen spielen. Weißt du, wir Waldschrate mögen die Sonne nicht so sehr.«

Knorf hatte sich mit lautem Rumpeln auf den Waldboden gesetzt und betrachtete sie neugierig. »Was machst du um diese Zeit hier im Wald? Ich dachte immer, Elfen verlassen niemals ihre Lichtungen.«

»Ich suche einen Freund«, antwortete Tani.

»Einen Freund? Hm, was ist ein Freund?«

Tani blickte Knorf erstaunt an. Wusste der Waldschrat denn nicht, was ein Freund ist? »Das ist jemand, mit dem man immer spielen kann und der einen niemals allein lässt.«

»Oh, spielen. Spielen, das kann ich richtig gut. Und zu zweit macht es bestimmt noch mehr Spaß. Du musst nicht mehr suchen, Tani. Ab jetzt bin ich dein Freund.«

»Einfach so? Du bist einfach so mein Freund?«

»Klar, spielen kann doch jeder. Was spielt ihr Elfen denn so?«

»Wir tanzen viel oder spielen Fangen und Verstecken zwischen den Blüten.«

»Blüten gibt es hier im Wald nicht so viel. Und wenn die Sonne weg ist, sind sie sowieso geschlossen. Aber wir können das ja auch zwischen den Bäumen spielen. Komm, Tani, lass uns Fangen spielen.«

Schon polterte Knorf los und riss dabei eine kleine Fichte um. Dabei stampfte er auf, dass der Waldboden bebte. Mit lautem Getöse entfernte sich der Waldschratjunge und hinterließ eine Schneise aus zertretenen Pflanzen und kleinen, umgeknickten Bäumen.

Tani und der Waldschrat

Tani erschrak. Sie konnte Knorf nur noch hören. Weißt du, Elfen sind zarte Geschöpfe des Lichtes und brauchen die Sonne, so wie die Blumen, die sich auch nur bei Sonnenschein öffnen. In der Nacht sind sie blind wie kleine Maulwürfe unter der Erde.

Noch während der Krach, den Knorf machte, langsam nachließ, rollte sich Tani unter dem Schirm eines großen Birkenpilzes zusammen und schlief mit dem Gedanken ein, dass Knorf wohl doch nicht der richtige Freund für sie wäre.

Sonnenstrahlen weckten Tani. Sie tanzten über den Waldboden und kitzelten ihre Nase, sodass sie laut niesen musste. Tani trank einen Schluck Morgentau und naschte vom Nektar der wenigen Blüten, die das dornige Brombeergesträuch trug, das hier überall wuchs. Ganz vorsichtig näherte sie sich den Blüten, um sich ihre zarten Flügel an den scharfen Dornen nicht zu zerreißen.

So gestärkt nahm sie ihre Suche wieder auf. Sie flog und flog, bis sie an den Waldrand kam. Noch nie war eine Elfe ihrer Art so weit weg von ihrem Zuhause. Staunend schaute sie auf die sonnenüberflutete Ebene, die sich vor ihr ausbreitete. Fast meinte sie, ein großer goldener Teppich würde dort liegen. Doch es waren nur die reifen Ähren vollen Korns, die sich sanft im Wind wiegten und im Sonnenlicht erstrahlten.

Tani hörte Stimmen und schaute in die Richtung, aus der sie erklangen. Am Waldrand sah sie Wesen, die sie hin und wieder schon einmal aus der Ferne auf ihrer Lichtung gesehen hatte. Sie sahen aus wie Elfen, nur viel größer, etwas kräftiger und sie hatten keine Flügel. Das mussten Menschen sein. Von ihnen hatte ihre Mutter oft erzählt. Sie lachten laut und ihre Stimmen überschlugen sich. Ein Mensch, der kleiner war, löste sich aus der Gruppe. Keiner schien etwas zu bemerken. Er kam direkt auf Tani zu, die ihn mit klopfendem Herzen beobachtete. Seine Bewegungen waren noch nicht sicher, die Augen schauten neugierig auf all das, was seinen Weg kreuzte. Vor einer voll erblühten, leuchtend roten Mohnblume hielt er sogar inne, um sie sich genauer anzusehen. Das musste ein Menschenkind sein.

Jetzt war er ganz nah bei Tani und schon schaute er sie aus klaren, blauen Augen an. Erstaunt fragte das Menschenkind: »Wer bist du denn?«

»Ich bin Tani, eine Blumenelfe. Und wer bist du?«

»Ich bin Felix.«

»Bist du ein Mensch?«

»Ja, kennst du denn Menschen nicht?«

»Nur vom Hörensagen. Meine Mutter erzählte mir, Menschen würden sich immer streiten und sich kaum um die Natur kümmern. Sie glauben nicht an uns Elfen und machen alles kaputt.«

»Ich bin nicht so. Was machst du hier? Ich habe noch nie eine Elfe hier auf unserem Feld gesehen.«

»Ich suche einen Freund, der mit mir spielt und dem ich alles erzählen kann«, antwortete Tani.

»Oh, fein, dann lass mich dein Freund sein. Ich habe viele Freunde, weißt du. Aber keiner davon ist eine Elfe.«

Tani schaute ihn aufmerksam an. Felix sagte, er habe viele Freunde. Dann wusste er sicher, wie es ist, Freund zu sein. Schon begannen ihre Flügel ein wenig mehr zu schillern. Sie setzte sich auf Felix' Schulter. Der Junge lief zurück zu den Erwachsenen, die so sehr miteinander beschäftigt waren, dass sie Tani nicht bemerkten. Felix nahm sie mit in sein Zuhause, ein großes Haus aus Stein. Tani fühlte sich nicht wohl darin. Es war bedrückend, als wäre sie in einer großen Kiste. Ihr fehlten die Leichtigkeit ihrer Wohnblüte, die leuchtenden Farben und die schönen Düfte.

Felix baute ihr ein eigenes kleines Haus aus einer Schachtel, in die er Grashalme und abgezupfte Blütenblätter legte, die nur zu schnell welkten. Wie sehr erschrak das Elfenmädchen, als Felix den Deckel auf die Schachtel legte, in den er zuvor kleine Löcher gestochen hatte, durch die jetzt nur ganz wenig Licht drang. So sehr sich Tani auch bemühte, sie hatte nicht die Kraft, sich aus der dunklen Enge dieser Schachtel zu befreien. Sie war gefangen.

Am Nachmittag bekam Felix Besuch von seinen Menschenfreunden. Stolz zeigte er ihnen das Elfenmädchen. Er nahm Tani aus ihrer Behausung und reichte sie an seine Freunde weiter. Die sahen sie staunend an wie einen seltenen Stein, zupften an ihren Armen und Flügelchen, bis es schmerzte und sie Angst haben musste, dass sie ernsthaft verletzt werden würde. Ihre Stimmen waren laut und übermütig. Als die Menschenkinder sie gar in die Luft warfen, um sie fliegen zu sehen, flog sie geschwind durch das offen stehende Fenster in die Freiheit. Nein, Felix war wohl auch nicht der richtige Freund für sie.

Tani setzte sich auf einen Ast im Kirschbaum, der vor dem Haus stand, in dem Felix wohnte. Sie fühlte sich furchtbar allein und hatte Sehnsucht nach ihrer Lichtung und ihren Eltern, die sie doch liebte. Sie dachte an Tori, mit dem sie immer reden konnte. Es hatte keinen Sinn, so weit weg von zu Hause nach einem Freund zu suchen. Niedergeschlagen flog sie wieder in Richtung Wald. Schon bald würde die Sonne untergehen, und Tani hatte keine Lust, noch eine Nacht fern ihrer Lichtung übernachten zu müssen. Sie sammelte ihre letzten Kräfte, durchquerte den Wald, in dem irgendwo Knorf herumpolterte. Sie würde sich wohl damit abfinden müssen, keinen Freund zu haben und allein zu bleiben.

Endlich, Tani war schon fast am Ende ihrer Kräfte, sah sie die sich schließenden Blüten der Elfenlichtung vor sich. Die langsam untergehende Sonne tauchte sie in ein magisches Licht und die Vögel stimmten bereits ihr Abendlied an. Wie schön war es doch, wieder dort zu sein, wo jeder sie kannte und so war wie sie selbst. Tani spürte Sehnsucht nach der Sanftheit ihrer Mutter und der Herzlichkeit ihres Vaters. Auch Tori hatte sie vermisst, mit dem sie reden konnte, der ihr zuhörte und immer einen Rat für sie hatte. Sie sah, wie all die anderen Elfenkinder zu ihren Blüten flogen. Bald würde es dunkel sein.

Tani blickte zu dem Moospolster, wo sie gesessen hatte, um Tori ihr Leid zu klagen. Doch was war das? Dort saß jemand und schaute in ihre Richtung. Tani blickte genauer hin und erkannte Tori. Hatte er denn die ganze Zeit auf sie gewartet? Tani sammelte ihre letzten Kräfte und flog zu ihm. Müde ließ sie sich neben Tori auf dem weichen Moospolster nieder.

Er strahlte sie an. »Hallo, Tani, schön, dass du wieder zurück bist. War deine Suche erfolgreich?«

»Tori, ist das schön, dich zu sehen. Ich habe leider keinen Freund gefunden.« Tani erzählte ihm, was sie erlebt hatte. »Hast du etwa die ganze Zeit auf mich gewartet?«

»Ja, sicher, du hast mir doch gefehlt und ich hatte Angst, dass dir etwas passieren könnte.«

Tani wurde bei diesen Worten ganz warm ums Herz. Tori hatte auf sie gewartet. Er hatte sie vermisst, sich um sie gesorgt. Und wenn sie es recht bedachte, war er immer für sie da, vor allem, wenn es ihr nicht so gut ging. Sie war so weit weg gewesen, um zu erkennen, dass sie doch lange schon einen Freund hatte. Ihre Augen begannen zu strahlen und sie schaute Tori an. Der lachte sie an. »Und morgen, morgen werden wir mit den anderen tanzen und spielen.«

Arm in Arm sahen sie der untergehenden Sonne zu und Tanis Flügel schillerten in allen Farben des Regenbogens.

Von Elfen und Trollen - oder wie in Norwegen die Mittsommernacht entstand

Renate Behr

Es gibt ein Land, hoch oben im Norden, da wird es im Sommer bei Nacht nie richtig dunkel und im Winter bei Tag nie richtig hell. Wenn die Menschen dort oben in den langen Winternächten gemeinsam vor dem Kaminfeuer sitzen, erzählen sie sich gern Geschichten, die sich vor langer langer Zeit hier zugetragen haben. Vielleicht sind es nur Märchen, die die Menschen sich ausdenken, um sich die dunklen Wintermonate zu verkürzen. Aber vielleicht hat es sie auch wirklich gegeben, die Elfen und Feen, die Trolle und Kobolde. Und vielleicht, wenn du einmal in dieses Land kommst, vielleicht begegnen sie dir dort sogar. Eine dieser vielen Geschichten will ich dir heute erzählen.

Es war einmal vor langer langer Zeit, da lebte eine Familie von Trollen unter den Wurzeln eines dicken Baumes. Du musst wissen, dass Trolle immer unter den Wurzeln dicker Bäume leben. Bei Tageslicht trauen sie sich nicht aus ihren kleinen Häusern, aber wenn es zu dämmern beginnt und die Nacht anfängt, dann werden sie munter. Sie sehen besser als jede Katze im Dunklen und sie sind immer zu einem Schabernack bereit.

Unsere Trollfamilie bestand aus Vater Todde, Mutter Tara, Sohn Arvid und Tochter Jule. Arvid war ein sehr munteres Kind. Ihm war kein Baum zu hoch, um darin herumzuklettern. Und kein See zu tief, um darin zu schwimmen. Er hatte vor überhaupt nichts Angst und die mahnenden Worte seiner Mutter schlug er oft in den Wind. Er war nicht wirklich ungehorsam, aber er fand die Welt so spannend, es gab so viel zu entdecken, dass er eben manchmal auch unvorsichtig wurde. Manche Schramme und Beule hatte er sich schon geholt, allein, es änderte nichts.

Seine Schwester Jule war anders. Sie war ruhig, manchmal sogar ängstlich, und obwohl Arvid sie eigentlich ganz gern hatte, fand er sie doch meistens ziemlich langweilig. Jule war auch nicht gern nachts allein im Wald. Sie liebte eher die Dämmerung, wenn noch ein Rest Sonnenlicht durch die Baumwipfel fiel. Arvid hingegen fand den Wald erst richtig schön, wenn es schon stockfinster war. Manchmal störte ihn sogar der silberne Mond am Himmel.

Du musst nämlich wissen, dass es zur Zeit der Trolle Tage und Nächte gegeben hat wie hier bei uns. Im Sommer waren die Nächte etwas kürzer und im Winter etwas länger, aber es war nie nur dunkel oder nur hell.

Eines Tages riefen die Eltern die beiden Kinder zu sich.

»Arvid, Jule, kommt her, wir müssen euch etwas sagen. Wenn das nächste Mal Vollmond ist, also in vier Tagen, findet im Westend, jenseits des Waldes, das große Treffen der Trolle und Elfen statt. In diesem Jahr seid ihr alt genug, um uns zu begleiten.«

Arvid sprang vor Freude in die Luft.

»Das Treffen der Trolle?«, jubelte er. »Das wird sicher ein Riesenspaß. Wie viele Trolle kommen denn dorthin?«

Er hatte so viele Fragen, dass sein Vater ihn zur Ruhe mahnte. Mit erhobenem Zeigefinger sagte er: »Junger Troll, wenn du dich nicht benehmen kannst, musst du hierbleiben.«

Sofort war Arvid still. Das wäre ja noch schöner, allein zu Hause bleiben, wenn sich alle Trolle im Westend versammeln. Blitzschnell überlegte er. Vier Tage, das war eine lange Zeit für einen kleinen Troll. Er würde sich sehr anstrengen müssen, so lange brav zu sein.

Aber dann, im Westend, beim Treffen, dann konnte er sich so richtig austoben, denn allein zurückschicken konnten sie ihn ja nicht.

Die Mutter sah Jule an. »Nun, mein Kind, freust du dich denn gar nicht?«

»Doch«, sagte Jule leise, »aber ich habe Angst im Dunkeln und dann sind wir so weit weg von zu Hause.«

Die Mutter nahm sie in den Arm. »Du brauchst keine Angst zu haben. Siehst du, die Elfen kommen doch auch, und die haben immer ihr Elfenfeuer dabei. Das ganze Westend wird silberhell sein.«

Jule sah sie an. »Und kommt die Elfenkönigin auch dorthin?«, fragte sie.

Die Mutter nickte. »Und die Prinzessinnen auch.«

Arvid schnaubte verächtlich, was ihm sofort einen leichten Klaps auf den Popo einbrachte. Aber Jule war glücklich. Sie hatte schon so oft davon geträumt, einmal die Elfenkönigin und ihre Töchter zu sehen. Und jetzt sollte es Wirklichkeit werden. Jule freute sich. Später, als die kleinen Trolle in ihren Betten lagen, fragte sie ihren Bruder: »Du, Arvid, freust du dich auch darauf, die Elfenkönigin zu sehen?«

»Nö«, kam die Antwort. »Elfen sind was für Mädchen. Ich freue mich mehr auf die anderen Trolle. Da sind bestimmt ein paar Jungs dabei, mit denen man prima spielen kann und die Bäume im Westend sind viel höher als hier.«

»Ja, und das Wasser im Westend-See ist tiefer und kälter. Pass bloß auf, dass du da nicht reinfällst. Mama hat mal erzählt, dass Elfen in dem See ertrunken sind.«

»Na, siehst du,« antwortete Arvid, »sag ich doch. Elfen sind was für Mädchen und die haben im See nichts verloren.«

Jule murmelte noch: »Aber ich kann auch schon schwimmen«, und war bald darauf eingeschlafen. Im Traum sah sie die Elfen und ihre Königin. Und sie durfte mit den Elfenprinzessinnen Ball spielen. Es war ein sehr schöner Traum.

Die Tage bis zum Aufbruch vergingen wie im Flug. Arvid gab sich die größte Mühe, ein braver Troll zu sein. Er wollte doch unbedingt mit zum Westend. Endlich ging es los. Trolle sind sehr klein und der Weg zum Westend war sehr weit. Stundenlang mussten sie wandern, und bald waren die Kinder so müde, dass sie kaum mehr einen Fuß vor den anderen setzen konnten. Dann plötzlich schien ein silberner Schimmer durch den Wald.

»Seht nur«, rief Jule. »Das Elfenfeuer. Jetzt ist es bestimmt nicht mehr weit.«

In diesem Moment krachte und rauschte es in dem Baum über ihnen und mit einem lauten Plumps fiel ein kleiner Troll direkt vor Arvid auf den Boden. Er rappelte sich auf, rieb sich verlegen Schmutz und ein paar Blätter vom Hosenboden und grüßte artig.

»Hallo, ich bin Ole vom Ostend. Kommt ihr gerade an?«

Die Trollfamilie nickte.

»Ist es noch weit bis zum Lager der Trolle?«

Ole schüttelte den Kopf.

»Nö, ist gleich hinter den nächsten Bäumen.« Dann sah er Arvid an. »Was ist, kommst du mit spielen?«

»Darf ich?«, fragte Arvid, aber die Mutter schüttelte den Kopf.

»Du kommst erst mit zum Lager, damit du siehst, wo wir das Zelt aufstellen. Dann kannst du gehen, aber nicht zu lange. Es war eine anstrengende Wanderung.«

Ole zuckte mit den Schultern. »Na, dann vielleicht später. Frag einfach nach Ole vom Ostend, mich kennt hier fast jeder.«

Dann sprang der kleine Troll ins Gebüsch und war verschwunden. Arvid seufzte. Er wäre so gern gleich mitgegangen. Ole hatte bestimmt tolle Ideen. Wie er da gerade vom Baum geplumpst war! Arvid hätte es nicht besser machen können. Er stupste Jule in die Seite.

»Na, Angst gehabt?«

Jule schüttelte empört den Kopf. »Vor einem kleinen Troll und noch dazu einem so schmutzigen? Niemals!«

»Aber höflich war er«, meinte die Mutter. »Wahrscheinlich ist er genau so ein Wildfang wie unser Arvid.«

Als sie um die Baumgruppe herumgelaufen waren, hinter der das Lager der Trolle sein sollte, blieb die kleine Familie stehen. Lächelnd sahen die Eltern zu ihren Kindern. Sie wussten, wie beeindruckend es war, so etwas zum ersten Mal zu sehen. Das Zeltlager der Trolle war eine richtige kleine Stadt. Wohlgeordnet standen größere und kleinere Zelte rechts und links von schnurgeraden Wegen. In der Mitte gab es einen großen Platz, den Versammlungsort. Und rings um das Trolllager, nur offen zu seiner Seite hin, befand sich ein Wall aus gläsernen Zelten; das Lager der Elfen.

Am gegenüberliegenden Ende gab es einen Hügel aus schimmerndem Kristall. Darauf befand sich ein Zelt aus feinstem Rosenquarz, so schön wie ein kleines Schloss. Hier wohnte die Elfenkönigin mit ihren Töchtern. Einmal jedes Jahr trafen sich Elfen und Trolle und beratschlagten über viele Dinge. Wie man das Wetter verändern solle, welche Teile des Landes man den Menschen überlassen wolle und wie man am besten für die Sicherheit und den Schutz von Elfen und Trollen sorgen könne. Es wurde außerdem viel gesungen, getanzt und gelacht, denn Elfen und Trolle waren ein lustiges Völkchen. Die jungen Trolle und Elfen, die an der Versammlung noch nicht teilnehmen durften, spielten auf den Wiesen, und alle hatten eine gute Zeit.

Arvid hatte seinen neuen Freund Ole schnell gefunden. Jule aber stand in gebührender Entfernung vor dem Kristallhügel und bewunderte das Rosenquarzschloss der Elfenkönigin. Hin und wieder erhaschte sie einen Blick auf eine der Prinzessinnen. Sie hätte die ganzen Tage so stehen und schauen können. Plötzlich rollte ein kleiner goldener Ball den Hügel hinunter und landete genau vor Jules Füßen.

Eine der Elfenprinzessinnen rief ihr zu: »Kleines Trollmädchen, bringst du mir den Ball, ich darf nicht hinunter, die Königin hat's verboten.«

Vorsichtig hob Jule den Ball auf und brachte ihn der Prinzessin.

»Magst du mitspielen?«, fragte die kleine Elfe, aber Jule schüttelte nur stumm den Kopf und rannte davon.

Später erzählte sie ihrem Bruder davon.

»Und wieso hast du nicht mitgespielt? Du bist doch so begeistert von deinen Elfen. Wahrscheinlich langweilen sie sich da oben zu Tode. Morgen gehen wir zusammen hin. Vielleicht kann ich sie überreden, mit an den See zu kommen.«

»Aber die Königin ...«, wollte Jule noch einwenden, doch ihr Bruder war schon eingeschlafen.

Obwohl Jule gehofft hatte, Arvid würde seinen Plan vergessen, sah sie mit Schrecken, wie er sich am nächsten Morgen auf den Weg zum Zelt der Königin machte. Die Königin selbst war mit ihrem Gefolge zum Versammlungsplatz gegangen, und so waren die Prinzessinnen ganz allein. Wie Arvid es angestellt hatte, wollte Jule so genau gar nicht wissen, aber nach kurzer Zeit kam er in Begleitung der beiden kleinen Elfen aus dem Schloss. Gemeinsam liefen die Kinder zum See hinunter. Die Prinzessinnen sahen bezaubernd aus. Haare und Flügel glänzten silbern, die Kleider waren zartblau wie der Himmel im Frühling, und ihr Lachen klang, als würde man tausend kleine Glöckchen läuten. Die Kinder vergaßen Zeit und Raum während des Spiels und alle waren fröhlich, bis ... ja, bis eine der Prinzessinnen beim Fangenspielen ausrutschte und in den See fiel.

Nun musst du wissen, dass Elfen zwar fliegen, aber nicht schwimmen können. Und der See im Westend ist tief, sehr tief. Einen Augenblick lang waren alle steif vor Entsetzen. Die zweite Prinzessin erhob sich sofort in die Luft, um die Königin zur Hilfe zu rufen. Arvid aber überlegte nicht lange. Kopfüber sprang er in das eiskalte Wasser, tauchte und konnte die kleine Prinzessin eben noch erreichen. Mühsam strampelnd kam er mit ihr an die Oberfläche.

»Jule«, rief er, »du musst mir helfen. Allein bringe ich sie nicht aus dem Wasser.«

Jule rutschte die Uferböschung hinunter und zog und zerrte so lange, bis die kleine Elfe aus dem Wasser war. Dann half sie ihrem Bruder.

»Das war sehr mutig von dir. Lauf herum, damit du wieder warm wirst«, riet sie ihm. Dann nahm sie die Elfenprinzessin ganz fest in ihre Arme, um sie zu wärmen. In diesem Moment kam die Elfenkönigin und hinter ihr her eine bunte und aufgeregte Schar von Trollen und Elfen.

»Allen guten Göttern sei Dank. Ihr habt mein Kind gerettet!«
Behutsam nahm die Königin die kleine Prinzessin in ihre Arme. Dann sah sie auf Arvid und Jule.
»Kommt heute Abend ins Schloss. Ich gewähre jedem von euch einen Wunsch als Belohnung. Aber denkt gut nach, was ihr euch wünschen wollt.« Dann flog sie mit ihren Kindern davon.
Arvid und Jule wurden von ihren Eltern zum Zelt gebracht. Hier gab es trockene Kleider und ein großes Glas Kräutertee zum Aufwärmen. Den ganzen Nachmittag überlegten die Kinder – jedes ganz allein –, was sie sich zur Belohnung von der Elfenkönigin wünschen sollten, und jedes behielt seinen Wunsch für sich.

Der Abend kam und Jule und Arvid standen Hand in Hand vor der Elfenkönigin. Sie winkte Arvid zu sich heran.
»Du hast mein Kind vor dem Ertrinken bewahrt. Welches ist dein größter Wunsch?«
Arvid sah sie an und sagte: »Ich wünsche mir, dass es immer dunkel ist, denn dann kann ich immer im dunklen Wald spielen!«
Die Elfenkönigin zog die Stirn etwas kraus, sagte aber nichts. Jule war blass geworden. Ewige Dunkelheit? Wie furchtbar!
Die Elfenkönigin rief auch Jule zu sich.
»Du hast mein Kind aus dem Wasser gezogen. Welches ist dein größter Wunsch?«
Jule musste nicht mehr überlegen.
»Ich fürchte mich so sehr im Dunkeln, ich möchte, dass es immer hell bleibt.«
Arvid sah sie zornig an. Wie sollte die Elfenkönigin denn nun ihre Wünsche erfüllen? Erfüllte sie den einen, musste sie den anderen versagen. Womöglich bekäme nun keiner von ihnen, was er sich

wünschte. Die Elfenkönigin wurde sehr nachdenklich. Dann begann sie leise zu sprechen:

»Ihr habt beide einen Wunsch geäußert und ich habe versprochen, diesen zu erfüllen. Ich hatte euch aber auch gebeten, gut nachzudenken. Arvid, wenn es immerzu dunkel ist, wird es bald keinen Wald mehr geben, in dem du spielen kannst. Jedes Lebewesen auf dieser Welt, also auch die Bäume im Wald, braucht Licht zum Leben.«

Arvid wurde nachdenklich und schaute verlegen zu Boden. Eben wollte er etwas sagen, aber die Elfenkönigin winkte ab.

»Jule, dein Wunsch ist genauso unvernünftig. Es gäbe keinen Winter mehr, die Pflanzen hätten keine Ruhepausen und die Tiere könnten keinen Winterschlaf halten. Auch damit käme die Natur völlig aus dem Gleichgewicht. Lasst mich nachdenken.«

Es blieb eine Weile still, dann erhob sich die Elfenkönigin.

»Ich habe die Lösung, wie ich jedem von euch seinen Wunsch erfüllen kann, ohne dass andere Lebewesen zu Schaden kommen werden. Von nun an sei es so, dass in unserem Land im Sommer die Sonne niemals untergeht und immerwährender Tag ist. Und während der Wintermonate sollen Tag und Nacht gleich dunkel sein. Damit hat ein jeder von euch, was er wollte, aber ein jeder zu seiner Zeit.«

Und seit diesem Tag wird es in dem Land hoch oben im Norden im Sommer des Nachts nicht mehr dunkel und im Winter bei Tag nicht mehr hell. Arvid und Jule waren zufrieden mit ihrer Belohnung.

Und vielleicht, wenn du einmal im Sommer in das Land hoch oben im Norden fährst, kannst du Jule singen und lachen hören, und wenn es dich im Winter dorthin führt, dann hörst vielleicht bei Nacht das fröhliche Pfeifen von Arvid. Und einmal im Jahr, zur Zeit der großen Versammlung, liegt noch immer das glockenhelle Lachen der kleinen Elfenprinzessinnen in der Luft.

Der verpasste Frühlingsanfang

Carola Jürchott

Im Frühling und im Sommer lebten Freia und Frieder im Garten. Sie sorgten dafür, dass die Blumen rechtzeitig aus ihrem Winterschlaf erwachten, dass kein Häschen die jungen Triebe abnagte und dass alles in voller Blütenpracht stand, bevor es Ostern wurde. Im Sommer halfen sie den Blumenelfen, so gut es ging, bei der Arbeit und kümmerten sich auch weiter um ihre Schützlinge. Den Herbst und den Winter aber mochten sie gar nicht: Da wurde es scheußlich nass und kalt, es machte keinen Spaß mehr, durch den Garten zu tollen, und die Blumen waren auch schon alle verblüht.

Jedes Jahr aufs Neue sannen Freia und Frieder darüber nach, wie sie dem Schmuddelwetter wohl entgehen und es sich über die kalte Jahreszeit gemütlich machen könnten, doch bisher war ihnen nie etwas Passendes eingefallen.

In diesem Jahr war es anders. Ganz plötzlich war der Herbst gekommen, und man hatte kaum Gelegenheit gehabt, sich vom Spätsommer zu verabschieden. Freia und Frieder aber hatten gut aufgepasst: Als sich die Menschen, die in dem Haus wohnten, das zum Garten gehörte, anschickten, alles winterfest zu machen, huschten die Frühlingswichtel durch die Tür und mussten fortan keine Kälte mehr fürchten. Weil Wichtel für Menschen nicht sichtbar sind, lebten sie den ganzen Winter über unbemerkt in der warmen Küche in einem Regal, taten sich an allem gütlich, was sich ihnen bot, und genossen ihr Leben in vollen Zügen. Ein bisschen sehnten sie sich zwar nach der frischen Luft und ihrem Leben im Garten, aber nach und nach hatten sie sich in der Gemütlichkeit des Hauses eingerichtet und auch dann und wann ein kleines Nickerchen gehalten, weil sie gehört hatten, dass es bei den Tieren sogar einen Winterschlaf gibt.

Dennoch warteten sie sehnsüchtig darauf, dass der nächste Frühling endlich kommen würde. Wie freuten sie sich, als eines Tages ganz in ihrer Nähe eine Stimme ertönte:

»Und nun, meine Damen und Herren, freuen Sie sich auf die bevorstehenden Tage: den Nelkensamstag, den Tulpensonntag, den Rosenmontag und den Veilchendienstag!«

Das war ja fast zu schön, um wahr zu sein! Vier Blumentage hintereinander! Wo mochte nur diese Stimme hergekommen sein? Frieder wollte es ganz genau wissen. Behände kletterte er vom Küchenregal hinab und sah sich um. Es dauerte auch gar nicht lange, da hatte er herausgefunden, was er wissen wollte:

»Freia, du wirst es nicht glauben!«, rief er erfreut nach oben zum Regal. »Die Stimme kam aus dem Radio! Stell dir mal vor, im Radio wurde angesagt, dass es am Sonntag Tulpen gibt. Ist das nicht toll?«

Er wusste, dass sich Freia über diese Nachricht besonders freuen würde, denn Tulpen waren ihre Lieblingsblumen. Schnell schwang sich Frieder auf das Regal, und beide Wichtel führten einen Freudentanz auf. Endlich hatte das Warten ein Ende und der Frühling kam!

Ganz so, wie die beiden Wichtel es sich vorstellten, war es jedoch nicht. Als sie am Sonntag aus dem Fenster sahen, war immer noch alles grau in grau, und auf der Erde lag ein Schleier von Raureif. Wie hätten Frieder und Freia denn auch ahnen können, dass dieser Tag nur so genannt wurde und mit ihren geliebten Tulpen gar nichts zu tun hatte?!

Niedergeschlagen zogen sie sich in ihr Regal zurück.

»Weißt du was, Frieder«, sagte Freia traurig. »Wenn der Frühling sich in diesem Jahr gar nicht einstellen will, können wir auch in aller Ruhe Winterschlaf halten, wie es die Bären, die Igel und all die anderen tun. Warum sitzen wir hier denn herum und warten? Der Frühling hat uns bestimmt vergessen und kommt nun gar nicht mehr. Wenn ihn nicht einmal der Tulpensonntag herbeilocken kann ...«

Frieder stieg noch einmal vom Regal hinab, um zwei Blätter vom

Gummibaum zu stibitzen, mit denen sie sich zudecken konnten. Die Menschen, denen die Küche gehörte, wunderten sich nur, wie die Blätter auf einmal auf das Regal gekommen waren, aber mehr bemerkten sie nicht. Sie hörten nicht einmal das Schnarchen der beiden Wichtel.

Eine aber bemerkte das Schnarchen sehr wohl: Melisande, die Frühlingsfee. Die Sonne hatte schon begonnen, wieder kräftiger zu scheinen, und die ersten Krokusse hatten sich aus der Erde hervorgewagt, als Melisande an dem Küchenfenster vorbeikam, hinter dem die beiden Frühlingswichtel tief und fest schliefen. Sie traute ihren Augen nicht. Das war doch nicht die Möglichkeit: Der Frühling hatte längst Einzug gehalten, und die Wichtel schliefen – wo gab es denn so etwas? Schließlich wäre es die Aufgabe von Freia und Frieder gewesen, darauf aufzupassen, wann der Raureif über der Erde verschwindet, und dann die Schneeglöckchen, die Krokusse und die Primeln zu wecken. Nun war es Melisande, die die Wichtel weckte. Vorher beschloss sie aber, den kleinen Faulpelzen eine Lektion zu erteilen. Sie sprach einen Zauberspruch, und dann kitzelte sie Freia und Frieder mit einer Krokusblüte an der Nase. Die Frühlingswichtel mussten kräftig niesen und wachten auf.

»Uaah!«, gähnte Freia und streckte sich. Dann sah sie aus dem Fenster und erschrak: »Auweia! Frieder, weißt du eigentlich, wie lange wir geschlafen haben? Draußen ist schon Frühling. Und wir haben vergessen, die Schneeglöckchen, die Krokusse und die Primeln zu wecken. Hoffentlich hat Melisande nichts gemerkt!«

In diesem Moment sah Freia ihr Spiegelbild in der Fensterscheibe und wusste, dass es nur Melisande gewesen sein konnte, die sie geweckt hatte. Zutiefst unglücklich bemerkte das Wichtelmädchen, was Melisandes Zauber bewirkt hatte:

»Frieder, Frieder, sieh doch bloß mal!«, rief sie verzweifelt. »Melisande hat uns in Schmetterlinge verwandelt! Nun müssen wir den ganzen Frühling lang durch die Gärten und über die Wiesen fliegen und uns um alle Blumen in der Umgebung kümmern. Ach, wären wir doch nur rechtzeitig aufgewacht, dann könnten wir in unserem kleinen Gärtchen bleiben!«

Freia weinte bitterlich, und auch Frieder wusste nicht ein noch aus. Dennoch versuchte er, Freia zu trösten:

»So schlimm wird es schon nicht werden. Sieh mal, eigentlich ist es doch nicht anders als sonst. Für die Blumen in unserer Umgebung haben wir immer gesorgt, nur dass die Umgebung jetzt etwas größer ist. Aber dafür können wir ja auch fliegen. Und abends kehren wir wieder in unseren Garten zurück und machen es uns auf der Terrasse gemütlich.«

In diesem Punkt aber hatte sich Frieder geirrt, denn Melisande wollte den Frühlingswichteln ihre Faulheit ein für alle Mal abgewöhnen.

Als Frieder und Freia am Abend in ihren Garten zurückkehren wollten, bemerkten sie, dass ihre Schmetterlingsflügel auf einmal verschwunden waren. Sie konnten nicht mehr fliegen, und um zu Fuß nach Hause zurückzukehren, war es zu weit.

»Nun weiß ich auch nicht mehr weiter«, sagte Frieder traurig, und plötzlich schaute er Freia an, als sähe er sie zum ersten Mal.

»Was ist?«, fragte diese beunruhigt.

»Deine Ohren«, antwortete Frieder erstaunt.

»Was ist mit meinen Ohren?«, fragte Freia. »Die kennst du doch?«

»Nein«, erwiderte Frieder. »So habe ich sie noch nie gesehen!«

»Was soll das heißen?«, fragte Freia und griff sich selbst an die Ohren.

Wie erschrak sie aber, als sie spürte, dass ihre Ohren auf einmal weich und pelzig waren und gar kein Ende nehmen wollten! Auch ihre Zähne wurden auf einmal merkwürdig lang. Als sie Frieder ansah, gab es keinen Zweifel mehr: Sie waren in Hasen verwandelt worden! Nun stand auch Melisande vor ihnen.

Freia fragte weinend: »Melisande, warum hast du das getan?«

Und Melisande erwiderte: »Damit ihr ein für alle Mal lernt, dass es sich für Frühlingswichtel nicht ziemt, den Frühlingsanfang zu verschlafen. Wer, wenn nicht ihr, sollte denn die Blumen wecken? Glaubt ihr denn, ich könnte die ganze Arbeit allein machen? Nein!

Und damit ihr seht, wie viel Arbeit der Frühling mit sich bringt, werdet ihr von nun an tagsüber als Schmetterlinge über die Wiesen fliegen und für die Blumen sorgen und nachts dem Osterhasen bei seinen Vorbereitungen helfen. Geschlafen habt ihr ja wahrlich genug!«

Mit diesen Worten war Melisande verschwunden. Freia und Frieder sahen sich schuldbewusst an. Sie wussten, dass Melisande eine gute Fee war, die ihnen noch nie etwas zuleide getan hatte, und deshalb hatten sie ein schlechtes Gewissen, denn sie ahnten, dass die Fee im Recht war. Also fügten sie sich in ihr Schicksal und gingen an die Arbeit.

Sie bemühten sich nach Kräften, alles so gut wie möglich zu machen. Sie erfüllten den Wiesenblumen jeden Wunsch, und die Ostereier, die sie bemalten, waren die schönsten weit und breit. Niemand konnte so bunte Blumen malen wie die beiden Frühlingswichtel, denn sie schmückten die Ostereier mit allem, was sie tagsüber bei ihren Flügen über die Wiesen sahen.

Als das Osterfest auf seinem Höhepunkt war und Frieder und Freia gerade von ihrem täglichen Flug über die Wiesen zurückgekehrt waren, stand Melisande plötzlich wieder vor ihnen. Die beiden Wichtel erschraken, denn sie fürchteten, sie hätten wieder etwas falsch gemacht. Doch weit gefehlt – Melisande lächelte und sagte:

»Eigentlich wollte ich den Zauber erst lösen, wenn der Frühling für dieses Jahr vorbei ist, doch ihr habt euch so angestrengt, euren Fehler wieder gutzumachen, dass ich mich entschieden habe, euch für den Rest des Frühlings eure Freiheit zurückzugeben. Ab jetzt dürft ihr euch wieder als Wichtel um euren eigenen Garten kümmern. Doch vergesst nie, was ihr aus meinem Zauber gelernt habt!«

Freia und Frieder versprachen es hoch und heilig. Sie genossen den Rest des Frühlings, den Sommer und den Herbst in ihrem Garten und zogen im Winter wieder in das Regal in der Küche. Doch von nun an passten sie immer genau auf, wann vom Tulpensonntag die Rede war, denn sie wussten, dass dann der Frühling nicht mehr weit war. Und sie haben nie wieder einen Frühlingsanfang verschlafen.

Der Rabe und die Möwe

Johannes Harstick

Es war einmal ein grimmiger alter Rabe, der lebte in einem tiefen Wald. Den ganzen Tag hatte er nichts anderes zu tun, als in seinem Nest in der Krone der höchsten Eiche zu hocken und sich über die anderen Tiere zu beschweren.

»Schnarch nicht so laut!«, krächzte er, wenn der gutmütiger Vater Bär mal wieder seinen wohlverdienten Winterschlaf hielt.

»Hört auf mit dem Radau!«, ermahnte er die kleinen Eichhörnchen, die in den Ästen Fangen spielten.

»Dein Gekreisch kann ja niemand ertragen!«, rief er der Amsel zu, wenn sie morgens ihr Lied sang.

Kurz und gut: Der alte Rabe war ein Griesgram und daher auch nicht besonders beliebt bei den übrigen Tieren. Wo immer es ging, mieden sie ihn, und wenn das Fest der Sonnenwende bevorstand, war niemand wirklich traurig, wenn der alte Rabe wieder einmal nicht erschien.

Großmutter Dachs erzählte ihren Enkeln einmal, dass der alte Rabe nicht immer so gewesen war. Als junger Rabe, mit Federn schwarz und glänzend wie Ebenholz, war er ein stattlicher Anblick gewesen. Stolz und lebensfroh, für jeden einen freundlichen Spruch parat.

Was dann jedoch mit ihm geschehen war, das vermochte auch Großmutter Dachs nicht zu sagen, obwohl sie in ihrem langen Leben schon so manches gehört und gesehen hatte. Aber wahrscheinlich wusste das auch nur der Rabe selbst und vielleicht noch die uralte Eiche, auf der er hauste.

Eines Nachts tobte ein grässlicher Sturm über dem Wald und die alte Eiche knarrte und schwankte bedrohlich unter der Kraft des Windes. Blitze zuckten am Himmel und alle Tiere suchten sich ein geschütztes Plätzchen. Einzig der Rabe blieb stur in seinem Nest hocken und krächzte, fluchte und zeterte in Richtung des schwarzen Himmels.

Gerade begann es, wie aus Kübeln zu regnen, als plötzlich etwas Weißes direkt neben dem Raben in das Nest plumpste. Der alte Griesgram erschrak ganz fürchterlich und vergaß vor lauter Entsetzen sogar sein Gezeter. Voller Angst verbarg er die schwarzen Rabenaugen hinter seinen Federn, denn er fürchtete, der Himmel habe ihm als Strafe für sein Gefluche ein Gespenst ins Nest geworfen. Zitternd lag er da, während der Sturm immer heftiger tobte, und wagte es nicht, zwischen seinen Federn hervorzuschauen. Bis er irgendwann schließlich vor Erschöpfung einschlief.

Am nächsten Morgen lachte die Sonne so fröhlich, als wäre nichts gewesen. Irgendwo sang die Amsel, die kleinen Eichhörnchen jagten sich kichernd durch die Äste und Großmutter Dachs erzählte ihren Enkeln mal wieder, wie viel besser der Wald doch gerochen hatte, als sie noch jung gewesen war.

Etwas aber fehlte an diesem Morgen, und dem Fuchs fiel es zuerst auf.

»Was ist denn heute mit dem grimmigen Raben los?«, fragte er seine Frau beim Frühstück. »Er hat noch gar nicht gestänkert und gezetert. Ihm wird doch wohl letzte Nacht nichts passiert sein?«

Doch dem alten Raben war nichts passiert, es hatte ihm lediglich die Sprache verschlagen. Denn als er mit den ersten Sonnenstrahlen aufgewacht war, da hatte er neben sich im Nest einen seltsamen weißen Vogel entdeckt. So etwas Schönes hatten seine schwarzen Augen noch nie zuvor gesehen und eine Wärme durchströmte sein kaltes Rabenherz, wie er sie lange nicht mehr gespürt hatte.

»Was bist du?«, fragte er das fremde Wesen und versuchte dabei so wenig wie möglich zu krächzen, was für einen Raben nicht gerade einfach ist.

»Ich bin eine Möwe«, antwortete der weiße Vogel mit einer Stimme, die der des Raben nicht ganz unähnlich war.

Der Rabe und die Möwe

»Eine Möwe? Aber eine Möwe habe ich hier im Wald noch nie gesehen.«

»Das kann ich mir denken«, antwortete die Möwe und klang dabei sehr traurig.

»Ich komme auch nicht von hier. Eigentlich lebe ich am Meer. Der Sturm hat mich letzte Nacht hierhergetragen und als ich in dein Nest fiel, habe ich mir den Flügel verletzt, und nun kann ich nicht wieder zurück.«

Tränen sammelten sich in den Augen der Möwe, die viel klarer waren als die des Raben. Und darum fasste der Alte einen Entschluss.

»Ich werde dir helfen«, verkündete er und plusterte sich mächtig auf. »Ich werde dir Futter sammeln und für dich sorgen, bis du wieder fliegen kannst.«

»Das willst du wirklich tun?«, fragte die Möwe.

»Rabenehrenwort«, krächzte der Alte, und hätte ihn Großmutter Dachs in diesem Moment gesehen, hätte sie sich vielleicht wieder an die Zeiten erinnert, in denen der Rabe noch jung und stolz gewesen war.

So vergingen die Tage und Wochen und der Rabe hielt sein Versprechen. Die Futtersuche gestaltete sich zunächst etwas schwierig, da die Möwe am liebsten Fisch fraß, den es im Wald naturgemäß nicht an jeder Ecke gab. Doch der Rabe schaffte es, Familie Otter zu überreden, den ein oder anderen Happen Fisch für seine Patientin übrigzulassen.

Überhaupt wurde der Rabe in diesen Tagen immer beliebter bei den anderen Tieren. Nie hatten sie ihn so lebensfroh und freundlich gesehen und seine Fürsorge beeindruckte jeden. Auch hörte ihn niemand mehr zetern.

Der Möwe ging es immer besser, ihr Flügel erholte sich gut; dennoch hörte der Rabe sie nur selten lachen, und ihm schien es bald, als würde sie mit jedem Tag ein wenig trauriger.

Eines Abends fragte er sie nach dem Grund für ihre Traurigkeit und sie antwortete: »Es tut mir leid, ich bin froh und dankbar, dass du mich gepflegt hast und ich bald wieder fliegen kann. Ich werde das niemals vergessen. Aber ich habe schreckliches Heimweh. Der Wald ist schön, doch ich vermisse mein Meer.«

»Aber du kannst doch zurück zum Meer, sobald du wieder fliegen kannst«, sagte der Rabe und streichelte sanft mit seinen Federn über den Kopf der Möwe.

»Natürlich«, antwortete die Möwe. »Aber ich kenne den Weg nicht mehr.«

Der Rabe dachte die ganze Nacht über dieses Problem nach. Als der Morgen dämmerte, flog er zu Großmutter Dachs und sagte: »Großmutter, du bist alt und weise, verrat mir bitte, in welcher Richtung das Meer liegt.«

Doch Großmutter Dachs wusste es nicht.

Daraufhin flog er zum Bären und sagte: »Vater Bär, du bist der König des Waldes, verrat mir bitte, in welcher Richtung das Meer liegt.«
Doch auch der Bär wusste es nicht.

Schließlich flog der Rabe zur Amsel und sagte: »Schwester Amsel, du bist viel herumgekommen, verrat mir bitte, in welcher Richtung das Meer liegt.«

Aber auch die Amsel wusste es nicht.

Da setzte sich der alte Rabe auf einen Ast, verbarg die schwarzen Augen unter den Federn und begann bitterlich zu weinen, denn es war ihm nicht gelungen, seiner Freundin, der Möwe, zu helfen.

In diesem Moment zog eine Schar Wildgänse am Himmel vorbei, die dem Sommer in den Süden folgte. Die älteste Gans sah den traurigen Raben und landete neben ihm auf dem Ast.

»Was bringt einen alten Griesgram wie dich zum Weinen?«, schnatterte sie.

»Ich muss wissen, in welcher Richtung das Meer liegt«, krächzte der Rabe. »Aber niemand in diesem Wald kann es mir sagen.«

Als sie das hörte, gackerte die Gans und die anderen Gänse antworteten aus dem Himmel.

»Noch nie konnte ich leichter Trost spenden«, sagte sie schließlich. »Erst vor zwei Tagen haben wir das Meer überflogen. Siehst du die

Tannen dort hinten im Norden? In diese Richtung und dann immer nur geradeaus.« Mit diesen Worten erhob sich die Gans und flog davon.

Schon lange nicht mehr hatte der alte Rabe so schnell seine Schwingen bewegt. Er konnte es kaum erwarten, der Möwe die Neuigkeit zu überbringen. Sie wartete schon auf ihn und lachte laut, als sie seine Begeisterung sah.

»Ich weiß nicht, wie ich dir danken soll«, sagte sie, nachdem der Rabe ihr alles berichtet hatte.

»Denk einfach hin und wieder an mich, wenn du über die Wellen deines Meeres fliegst.«

»Das mache ich«, versprach die Möwe, »ganz bestimmt.«

So kam der Tag, an dem die Möwe zum Meer zurückkehrte, und auch wenn der Rabe in diesem Moment eine kleine Träne vergoss, weil er die Möwe sehr lieb gewonnen hatte, war er von dieser Zeit an bei den anderen Tieren nicht mehr als grimmiger, sondern als fröhlicher Rabe bekannt.

Und in manchen stillen Nächten, wenn er in seinem Nest liegt und auf den Schlaf wartet, dann glaubt er ganz ganz weit entfernt im Norden ein Rauschen zu hören und er stellt sich vor, es sei das Meer. Und wenn er dann die schwarzen Rabenaugen schließt, dann sieht er die Möwe, wie sie frei und glücklich über die Wellen gleitet.

Der Zauberwald

Regine Schineis

Es war einmal vor langer Zeit, da lebten in einem fernen Land alle Tiere in Ruhe und Frieden. Sie grasten auf grünen Wiesen, durchstreiften weite Wälder, erklommen hohe Berge und labten sich an kühlen Seen. Kein Streit, kein Zank und kein Unglück trübte ihre Tage. Alle waren glücklich und zufrieden, und so hätte es auch bleiben können, wenn nicht mit einem Mal seltsame Dinge geschehen wären.

So kam eines Abends ein Adler nicht mehr zurück zu seinem Horst. Am nächsten Tag vermisste eine Füchsin eines ihrer Jungen, und kurz darauf verschwand ein ganzer Schwarm Bienen, ohne eine Spur zu hinterlassen.

Die Tiere begannen sich zu ängstigen, denn solche Vorkommnisse waren sie nicht gewohnt. An einem sonnigen Nachmittag trafen sie sich auf der großen Waldlichtung, um zu beratschlagen.

»Nie hätte mein Mann seine Jungen und mich alleine zurückgelassen«, sagte die Frau des Adlers. »Ihm muss etwas Schreckliches zugestoßen sein.«

Die Füchsin pflichtete ihr bei: »Kein Junges verlässt freiwillig seine Mutter und seine Geschwister. Du hast recht, es ist etwas Schlimmes im Gange.«

Auch das Verschwinden der Bienen machte den Tieren große Sorgen, denn jeder weiß, dass die fleißigen Tierchen niemals ihren Stock im Stich lassen. Auch sie mussten also von höheren Mächten an ihrer Rückkehr gehindert worden sein. Doch wovon? Die Tiere überlegten hin und her, doch niemand konnte sich einen Reim darauf machen.

Nur die alte Eule schien eine Idee zu haben.

»Vor vielen Jahren«, fing sie an zu erzählen, »sind schon einmal einige von uns aus heiterem Himmel verschwunden und nie zurückgekehrt. Wir suchten sie, fanden aber keine Spur von ihnen. Man sagte, der Zauberwald hätte sie geholt und würde jeden weiteren von uns verschlingen, der ihm zu nahe käme. So beließen wir es dabei.«

Die alte Eule schloss ihre Augen und schien einzuschlafen. Die Stimmen der anderen Tiere rissen sie aber sogleich wieder aus ihrem Schlummer.

»Was ist das für ein Zauberwald? Wo finden wir ihn? Habt ihr schon davon gehört?« Alle riefen durcheinander, sodass am Ende niemand mehr sein eigenes Wort verstand.

Endlich unterbrach die alte Eule den Wortschwall.

»Seid ruhig, und ich erzähle euch die Geschichte, so wie ich sie kenne. Doch sie wird euch nicht gefallen, glaubt mir.«

Mit einem Schlag wurde es mucksmäuschenstill.

Die Eule räusperte sich und begann zu erzählen.

»Man sagt, es gäbe einen Wald in unserem Land, der anders ist als alle Wälder, die wir kennen. Viele Jahre verhält er sich still, doch wann immer es ihm gefällt, erscheint er aus dem Nichts und lockt viele von uns in ihr Unglück. Es ist nur ein Wald, doch jeder, der ihm zu nahe kommt, sieht in ihm das Paradies und kann nicht umhin, ihn zu betreten. Er betört mit seiner Pracht, mit bunten Blumen, saftigen Gräsern, plätschernden Bächlein und scheint voller Frohsinn und Abenteuer zu sein. Doch wehe dem, der auch nur ein Gräslein anbeißt oder einen Tropfen Wasser zu sich nimmt – den nimmt der Wald gefangen und lässt ihn nie wieder los. Es sei denn …«, die Eule verstummte.

»Es sei denn, was?«, fragte die Füchsin, die verzweifelt auf die Rückkehr ihres Jungen hoffte. Auch die anderen Tiere sahen die Eule mit großen Augen fragend an.

»Es sei denn, jemand dringt bis ins Innerste des Zauberwaldes vor und trinkt aus der Zauberquelle. Damit wäre der Bann gebrochen und alle Tiere würden in ihre Freiheit entlassen. Viele haben sich aufgemacht, um unsere Gefährten zu retten, doch niemand ist bisher von dort zurückgekehrt. Die Zauberquelle kann nur der erreichen, der keine Entbehrungen scheut und im rechten Moment die richtige Entscheidung treffen kann. Das ist alles, was ich weiß.« Ermüdet von der langen Rede schloss die alte Eule wieder die Augen.

»Wir müssen es versuchen«, sagte der Frosch, und die anderen nickten beifällig.

»Ich würde zu gerne gehen«, meinte die Füchsin, »doch ich kann meine Jungen nicht im Stich lassen. Sie dürfen nicht auch noch ihre Mutter verlieren.«

Die Frau des Adlers nickte traurig. Auch sie würde ihren Horst nicht verlassen können.

»Ich bin zu groß und immer hungrig«, sagte der Bär bedauernd, »ich werde es nie schaffen, der Versuchung zu widerstehen.«

Das sahen die anderen Tiere ein, denn sie kannten ihn gut. Nun war guter Rat teuer.

»Ich gehe«, war auf einmal eine feste Stimme zu vernehmen. Sie gehörte dem Hasen, und alle Augen richteten sich auf ihn.

»Und ich werde dich begleiten«, piepste die Maus mutig und stellte sich neben ihn.

»Gut, dann komme ich mit euch.« Eine kleine Meise landete auf dem Kopf des Hasen. Die anderen Tiere sahen sich betreten an. Diese drei Winzlinge sollten ihre Gefährten befreien und ihr Land vor weiterem Unheil bewahren? Die Zweifel waren groß, doch sie hatten wohl keine Wahl.

»So geht«, befahl ihnen die Eule, »doch denkt daran: Haltet euch fern von Speise und Trank, und zögert nicht zu lange, wenn ihr meint, die Quelle gefunden zu haben. Sie wird euch eine Weile erscheinen und dann wieder versiegen – wenn das geschieht, ist alles verloren.«

Die drei Wagemutigen nickten und hoppelten, trippelten und flatterten davon.

Tage und Nächte vergingen, sie wurden müde, hungrig und durstig, fanden aber keine Spur vom Zauberwald. Schon wollte sie der Mut verlassen.

Abenteuer im Zauberwald

Doch dann, eines Morgens, bemerkten sie in der Ferne einen Wald, der sie wie magisch anzog. Das konnte nur der Zauberwald sein.

»Seid auf der Hut, Freunde«, warnte die kleine Meise. »Denkt daran, was die Eule gesagt hat! Nur von der Zauberquelle dürfen wir trinken, nichts anderes!«

Hase und Maus nickten eifrig und waren schon zwischen den Bäumen verschwunden. Die kleine Meise flog hinterher, nichts Gutes ahnend. Und tatsächlich, Maus und Hase schienen alle guten Vorsätze vergessen zu haben. Sie hüpften bald dahin, bald dorthin, und ehe sie sich versehen konnte, war das Unglück geschehen. Der Hase konnte nicht widerstehen, ein Kräutlein zu probieren, und die Maus stillte ihren Durst mit einem Tautropfen an einem Blümlein.

»Nein, nicht!« – Der Warnruf der Meise kam zu spät; schon hatten sich die beiden in Luft aufgelöst, als hätte es sie nie gegeben.

»Oh nein«, piepste die Meise verzweifelt. »Das haben sie nun von ihrer Gier! Und ich sitze hier ganz alleine und habe keine Ahnung, wie ich die Zauberquelle finden soll!«

Die kleine Meise fürchtete sich sehr und begann leise zu weinen. Doch als sie eine Weile vor sich hin geschluchzt hatte, erkannte sie, dass es nun ganz alleine an ihr lag, den Hasen, die Maus und die anderen Tiere zu befreien. Weinen würde ihr da nicht weiterhelfen können. Also nahm sie ihren ganzen Mut zusammen und flog weiter, von Ast zu Ast, von Baum zu Baum, und hielt Ausschau nach der Zauberquelle.

Es dauerte nicht lange und Hunger und Durst begannen sie zu quälen. Ihre kleinen Flügel wurden müde, und sie wollte nichts als essen, trinken und schlafen. Die Versuchung wurde immer stärker, an den Tautropfen oder den leckeren Samen zu naschen, doch sie gab ihr nicht nach. Im Gegenteil, sie befahl ihren Flügeln, sie immer weiter zu tragen, auch wenn sie vor Schmerzen hätte weinen mögen.

Und endlich – die kleine Meise wusste nicht mehr, wie lange sie schon geflogen war – erreichte sie das Ziel ihrer Reise: Die Zauberquelle. Sie war es, ohne Zweifel! Noch nie hatte das kleine Vögelchen eine Quelle von solcher Kraft und Schönheit gesehen! Sie entsprang einem mächtigen Felsen, der in allen Farben schimmerte. Wie in einem Regenbogen spiegelten sich diese in den Wassertropfen wider, die munter nach allen Seiten hinweg stoben und freudig zu tanzen schienen. Zu gerne hätte sie von dem kostbaren Wasser gekostet, doch sie wagte es nicht.

»Was, wenn es nicht die Zauberquelle ist?«, dachte die Meise bei sich. »Wer weiß, vielleicht will mich der Zauberwald nur täuschen und so in eine Falle locken?«

Wenn es nicht die Zauberquelle war und sie trank davon, würde sie ebenso verschwinden wie ihre Gefährten, und alles wäre verloren. Doch wenn sie zu lange zauderte, würde die Quelle wieder versiegen, ehe sie trinken konnte. Was also sollte sie tun? Sie dachte und dachte, ihr Kopf drohte beinahe zu zerspringen, doch sie kam zu keinem Entschluss. Könnte sie nur die alte Eule fragen! Sie würde wissen, was zu tun wäre.

»Hör auf dein Herz!«, sprach mit einem Mal eine Stimme zu ihr. Die kleine Meise erschrak zuerst, doch dann horchte sie in sich hinein, ganz tief, bis ins Innerste ihres Herzens. Und dort fand sie die Antwort.

Sie flog ganz nahe an die Quelle heran und tauchte ihr Schnäbelchen hinein – ach, wie köstlich schmeckte das Wasser! Sie nahm noch einen Tropfen und noch einen, und spürte, wie das kühle Nass sie belebte. Doch nicht nur in ihr regte sich wieder das Leben, auch die Umgebung veränderte sich – aus allen Winkeln kamen Tiere hervor, große und kleine, und sie alle bedankten sich bei der kleinen Meise für ihren Mut und ihre Tapferkeit.

Da war der Adler, der kleine Fuchs, der Hase und die Maus, und auch die Bienen summten munter herbei. Und wie viele andere Tiere hatten durch den Zauberwald ihre Freiheit verloren und durch die kleine Meise wiedergefunden! Sie alle wünschten sich nichts sehnlicher, als endlich nach Hause zu kommen, und so machten sie sich gemeinsam auf den Weg.

Die kleine Meise war derart erschöpft von ihrer Heldentat, dass ihre kleinen Flügel sie nicht mehr tragen wollten. Der Adler nahm sie auf den Rücken und flog mit ihr voraus. Die anderen folgten.

Was war das für eine Wiedersehensfreude! Die kleinen Adlerjungen und ihre Mutter waren glücklich wie nie, als der Adler endlich in seinem Horst landete. Der kleine Fuchs tobte mit seinen Geschwistern wild umher, die Füchsin sah ihnen dabei zu und konnte die Freudentränen kaum zurückhalten. Und die Bienen begrüßten jede einzelne Blume, jeden Strauch und jeden Baum und versprachen, sich nie wieder so weit weg zu wagen.

»Gut gemacht, kleine Meise«, sagte die alte Eule und zwinkerte ihr zu.

»Als ich mich nicht entscheiden konnte, ob ich trinken sollte oder nicht, sprach eine Stimme zu mir und gab mir den Rat, auf mein Herz zu hören«, antwortete die Meise. »Und wenn ich darüber nachdenke, war sie der deinen sehr ähnlich.«

»Ach, ja?« lachte die alte Eule. »So ein Zufall. Hättest du mich gefragt, wäre das wohl meine Antwort gewesen.« Sie sahen sich in die Augen und die kleine Meise erkannte, wem sie ihre Entscheidung zu verdanken hatte.

So lebten die Tiere wieder glücklich und zufrieden in ihren Wäldern, Wiesen, Seen und Bergen und kein Zauberwald bedrohte sie mehr. Die Heldentat der kleinen Meise wurde weitererzählt, von Generation zu Generation. Von ihr lernten alle Tiere, mutig zu sein, verzichten zu können, und vor allem – mit dem Herzen zu denken. Und ob man es glauben mag oder nicht: All diese Gaben sind den Tieren bis heute erhalten geblieben.

Von Liebe, Träumen, Sternenreitern, Meistergeigen und Holzknechten

Prinz Salosi auf der Suche nach Antworten

Was ist Liebe?

Andreas Chiduck

Als die Sonne im Königreich Tarozien den neuen Tag ankündigte, öffnete Prinz Salosi seine Augen und erblickte zwei wunderschöne Schmetterlinge in seinem Zimmer.

»Wie lieblich sie miteinander tanzen«, dachte er bei sich und beobachtete den fröhlichen Tanz der beiden. Dieses Bild war so anmutig, dass der Prinz nicht seine Augen von ihnen lassen konnte und mit einem strahlenden Gesicht eine immense Freude in sich fühlte.

»Wie zwei Verliebte, die sich zärtlich umgarnen«, sprach er zu sich und verlor sich in Gedanken.

Einige Zeit später, die Schmetterlinge hatten bereits den Weg nach draußen gefunden und tanzten nun über den bunten Blüten im königlichen Garten, kleidete Prinz Salosi sich an und begab sich zu seinem Vater, um das morgendliche Frühstück zu sich zu nehmen. Während des Mahls ging ihm das von zarter Liebe erfüllte Bild mit den Schmetterlingen nicht aus dem Kopf und so sprach er:

»Vater, könnt ihr mir sagen, was Liebe ist?«

Überrascht sah der König auf und antwortete: »Aber klar doch, mein Sohn. Liebe ist ein Gefühl, welches im Herzen wohnt."

»Aber Vater«, entgegnete der Prinz, »warum muss ich lächeln und hab so schöne Gedanken, warum tue ich unbegreifliche Dinge, wenn die Liebe doch nur ein Gefühl ist, das im Herzen wohnt? Wie kann dieses Gefühl alles steuern?"

Ratlosigkeit machte sich auf dem Gesicht des Königs breit, und kaum wissend, was er darauf sagen sollte, suchte er nach Worten: »Ja … also …, ich weiß auch nicht. Liebe fühlt man einfach, sie ist eben da, im Herzen. Ich kann das auch nicht erklären und finde es auch nicht wichtig genug, um erklärt werden zu müssen.«

Mit dieser Antwort wollte der Prinz sich aber nicht abspeisen lassen und reagierte fest entschlossen: »Ich werde in die Welt reisen, um herauszufinden, was Liebe ist. Noch heute werde ich gehen und nicht eher ruhen, bis ich eine Antwort gefunden habe.«

Es entbrannte noch ein heftiger Streit darum, dass der Prinz einfach so in die Welt reiten wollte, um eine Antwort auf seine Frage zu finden. Jedoch ließ der Prinz sich nicht davon abbringen und machte sich noch am selben Tag auf den Weg hinaus in die Welt.

Er ritt schon ein paar Stunden, als er an einer kleinen Hütte im Wald ankam. Hungrig und doch etwas müde klopfte er an die Tür. Eine kleine, ältere Frau öffnete ihm, und nachdem er sich höflich bei ihr vorgestellt und um Einlass gebeten hatte, dirigierte sie ihn mit einer leichten Verbeugung herein. Über dem Feuer hing ein großer Topf, in dem ein gut riechender Eintopf blubberte und nur darauf wartete, gegessen zu werden. Hungrig setzte sich Prinz Salosi an den kleinen Tisch und nahm dankend einen Teller mit Eintopf entgegen.

Nach diesem köstlichen Essen erklärte er sich gegenüber der alten Frau und nannte ihr die Gründe seiner Reise. Im selben Atemzug fragte er: »Gute Frau, Ihr lebt hier alleine?«

»Ich brauche niemanden«, antwortete die Frau, »keinen Mann, keine Kinder und keine anderen Menschen.«

»Aber dann seid Ihr doch bestimmt sehr einsam und traurig, wenn keiner da ist, der Euch liebt!?«

»Ach was«, entgegnete die Frau, »natürlich werde ich geliebt und natürlich liebe auch ich.«

»Aber wie kann das sein, wenn Ihr doch hier ganz alleine seid?«, wollte der Prinz nun wissen.

»Wisst Ihr, Herr«, sprach die Frau, »ich brauche doch keinen Menschen, um zu lieben und um geliebt zu werden. Ich kenne hier jedes Tier im Wald. Sie begrüßen mich an jedem Tag und schenken mir ihre Nähe, so wie ich ihnen die meine schenke. Ich spreche mit ihnen und mit den Pflanzen, die durch ein paar liebe Worte schneller gedeihen und in noch schönerer Pracht erstrahlen und noch mehr Früchte tragen. Der Wald ist so voller Leben und somit auch so voller Liebe, dass ich davon mehr als genug habe.«

Der Prinz begriff noch nicht so ganz, Liebe ohne Menschen? Zu Tieren und Pflanzen? Das Weib hier würde ihm wohl keine Antwort geben können. Er dankte der Frau für ihre Worte und begab sich grübelnd auf sein Nachtlager. Am nächsten Morgen wurde er schon sehr früh von dem Gesang der Vögel geweckt. Nach ein paar Kräutereiern mit etwas Brot sprach er der Alten seinen Dank für ihre Gastfreundschaft aus und machte sich auf, um weiter nach einer Antwort auf seine Frage zu suchen.

Der Weg aus dem Wald heraus war lang und beschwerlich. An einem kleinen Bach machte der Prinz eine kurze Rast und erblickte in der Ferne ein Gebäude mit einem Kreuz auf dem Dach. Der Größe nach zu urteilen musste es sich bei diesem Bauwerk wohl um ein Kloster handeln. So beschloss er, zügig zu reiten, um dort noch vor Einbruch der Dunkelheit anzukommen. Nach ein paar Stunden erreichte er zusammen mit der untergehenden Sonne das Kloster und klopfte mit seiner Faust gegen die massive Holztür. Es dauerte eine Weile, bis er das Klappern eines Schlüsselbundes und dann einen schweren Schlüssel im Schloss drehen hörte. Mit einem lauten Knarren ging die Tür auf und ein freundlich aussehender Mönch kam zum Vorschein.

»Wer seid Ihr und was ist Euer Begehr?«, fragte er mit einem überraschend schroffen Ton.

»Ich bin Prinz Salosi von Tarozien und auf der Suche. Ich begehre etwas zu essen und einen Schlafplatz für mich und mein Pferd. Seid so gütig und lasst mich hinein.«

Der Mönch tat, wie ihm geheißen, und ließ den Prinzen in die Mauern des Klosters. Im Hof angekommen kam auch schon gleich ein weiterer Mönch angelaufen, um das erschöpfte Pferd zu versorgen. Er nahm die Zügel und verschwand mit ihm im Stall.

Während der Prinz zu einer kleinen Kammer geführt wurde, erklärte ihm der Mönch: »Wisst Ihr, edler Herr, wir haben hier nicht oft so hohen Besuch. Somit sind wir auch nicht darauf vorbereitet und können Euch nur ein bescheidenes Zimmer bieten. Wenn Ihr Euch etwas frisch gemacht habt, lauft einfach diesen Gang dort entlang und kommt in den Saal hinter der vierten Tür, dort werdet Ihr etwas zu essen bekommen.«

Mit diesen Worten ließ er Prinz Salosi, der vor lauter Ehrfurcht, die die Stille dieser Mauern ihm abverlangte, keinen Ton mehr hervorbrachte, alleine. Das Zimmer war spartanisch eingerichtet. An Möbeln gab es lediglich ein Bett und ein kleines Tischen, auf dem eine Schüssel mit Wasser stand, und einen einzelnen Stuhl. Auch an den kargen Wänden hing nichts weiter als ein großes Kreuz.

Nachdem der Prinz sich etwas frisch gemacht hatte, ging er den Flur entlang zu dem Saal, den der Mönch erwähnt hatte, um dort etwas zu essen zu sich zu nehmen. Als er den Saal betrat, wartete dort schon der Abt des Klosters mit einigen Mönchen auf ihn. War so ein Besuch doch eher selten, wollte man auch wissen, wonach der Prinz suche. Man stellte dem Prinzen einen Teller mit Brot und Käse sowie einen Krug Bier auf den Tisch, und er begann sofort, hungrig von der Reise, dieses zu sich zu nehmen.

Dabei fragte ihn der Abt etwas neugierig, aber nicht aufdringlich: »Edler Prinz, wie Ihr Bruder Carom bereits gesagt habt, seid Ihr auf der Suche nach etwas. Hättet Ihr die Güte, uns zu sagen, wonach Ihr auf der Suche seid?«

»Aber selbstverständlich«, erwiderte der Prinz, »obwohl ich nicht glaube, dass Ihr mir dabei behilflich sein könnt. Ich bin auf der Suche nach einer Antwort. Die Antwort auf die Frage, was Liebe ist.«

Die Mönche lächelten und der Abt fragte weiter: »Wie kommt Ihr darauf, dass wir Euch bei dieser Frage nicht behilflich sein könnten?«

»Seid mir nicht böse, Abt, aber Ihr seid Mönche. Ihr lebt hier allein unter Männern. Wie sollt Ihr wissen, was Liebe ist?«, erwiderte Prinz Salosi.

»Mein Herr«, sprach der Abt, »wir leben hier zwar als Männer alleine. Doch leben wir unsere Liebe im Glauben an Gott und seinen eingeborenen Sohn Jesus Christus. Wir empfangen die unendliche

Liebe von Gott und von Jesus und geben diese als Nächstenliebe an unsere Mitmenschen weiter. Wir wissen also sehr wohl, was Liebe ist. Sie ist göttlich und rein.«

Der Prinz schaute sehr fragend und wollte weiter wissen: »Ihr liebt also durch etwas, was Ihr nicht sehen könnt? Dessen Existenz durch Euren reinen Glauben daran erklärt wird? Wie könnt Ihr Euch aber sicher sein, wenn Gott Euch nicht sagen kann, dass er Euch liebt?«

Mit leuchtenden Augen sagte der Abt: »Mein Sohn, die Liebe zu Gott bedarf keiner Beweise. Sie ist eine Liebe, die um ihrer selbst willen existiert. Sie fordert nicht und beschmutzt sich auch somit nicht des Zweifels.«

Sie redeten noch ein oder zwei Stunden weiter, bevor der Prinz gedankenbeladen zu Bett ging. Er hatte hier zwar sehr viel über die Liebe erfahren, aber die Antwort, die er suchte, hatte er noch nicht bekommen. Zu unverständlich war es ihm, dass der eine Mensch alleine in der Natur und in der Liebe der Tiere und Pflanzen lebte und hier dann eine Gruppe Männer existierte, die ihr Leben der Liebe von etwas Unsichtbarem verschrieben hatte und diese Liebe als sogenannte Nächstenliebe weitergab. Er müsse wohl noch weiter suchen, dachte er, und fiel in einen tiefen Schlaf.

Von lautem Glockengeläut schreckte der Prinz aus einem tiefen Schlaf auf. Er rannte nach draußen, um die Bedeutung dieses morgendlichen Lärms zu erkunden. Mit einem Feuer oder einer anderen Gefahr hatte er gerechnet, aber nicht damit, dass sich die Mönche schon am frühen Morgen versammeln, um gemeinsam ein Gespräch mit Gott zu führen und ihm ihre Liebe zu bekunden.

Das Frühstück war eher einfach gehalten. Es gab lediglich eine Schüssel Haferbrei und einen Becher Kräutertee. Nicht unbedingt eines Prinzen würdig, aber angesichts der strengen Regeln, nach denen man hier im Kloster lebte, ordnete sich auch der Prinz diesen Regeln unter. Nach dieser Stärkung verabschiedete sich Prinz Salosi in größter Demut von den Mönchen.

»Habt Dank für Eure Gastfreundschaft«, sprach er, »aber leider habe ich nicht die Antwort bekommen, die mich zufriedenstellen konnte. Somit werde ich meine Reise fortsetzen müssen in der Hoffnung, diese doch noch irgendwo zu finden.«

Der Abt nickte ihm zu und sagte lächelnd: »Es tut mir leid, dass unsere Worte nicht Eure ersehnte Antwort beinhaltet haben. Ich wünsche Euch eine gute Reise, meine Brüder und ich werden für Euch beten. Möge Gottes Segen und seine Liebe Euch begleiten.«

Der Prinz bestieg sein Pferd und ritt, die winkenden Mönche im Rücken, weiter, um seiner Suche nach einer Antwort auf seine brennende Frage zu folgen.

Sein Weg führte ihn weit an einem Fluss entlang, über einen Berg und durch kleine Wälder, vorbei an grünen Wiesen und kalten Felslandschaften. Er ritt so einige Tage, schlief unter freiem Himmel und jagte sich sein Essen selbst. Abends am Feuer lag er auf dem Rücken und schaute sehnsüchtig in die Sterne.

»Ich liebe diese Freiheit«, dachte er bei sich. »Ich liebe diese Freiheit?! Ist das nicht erneut eine andere Art der Liebe? Wie soll ich denn je die einzig wahre Antwort finden, wenn dieses seltsame Gefühl Liebe sich in so vielen Formen zeigt?!«

Der nächste Tag führte ihn durch eine trostlose Gegend. Ein ödes Land lag vor ihm und der beißende Geruch von Qualm stieg dem Prinzen in die Nase.

»Hier muss etwas Gewaltiges gewütet haben«, sprach er zu sich selbst und folgte dem Weg, auf dem er sich befand, weiter. Nach ein paar Stunden, vorbei an verbrannten Feldern und Bäumen, an den Resten von Kutschen und Tierkadavern, kam er in ein kleines Dorf, welches noch erbärmlicher aussah als die Landschaft auf dem Weg dorthin. Graue, halb verfallene Hütten, Straßen voller Schutt und Menschen in Lumpen gekleidet, die sich ängstlich versteckten. Ein penetranter Gestank lag über diesem Ort. Hier würde er bestimmt keine Antwort finden. Langsam und mit einem Arm vor der Nase ritt er durch das Dorf. Überall sah er nur Leid. Ängstlich schauten ihn die traurigen Augen der halbverhungerten Menschen hier an. Nein, hier würde er garantiert keine Antwort auf seine Frage erhalten können. Nicht in diesem Elend und in diesem Dreck. Wie soll in dieser, von Dunkelheit erfüllten Welt etwas so Wunderschönes und Reines wie Liebe einen geeigneten Nährboden finden? Zeigt sich die Liebe doch durch strahlende Augen und lächelnde Gesichter und nicht in fahlen und blassen Gesichtern von Menschen, die einem Gespenst gleichen. Nein, eine Blume wie die Liebe braucht einen grünen, saftigen Boden und nicht einen toten Acker, wie er hier vorzufinden war. Wenn er doch sehen könnte, dass gerade hier in diesem Elend die Liebe mehr Gesichter hat, als er sich vorstellen kann und er seiner Antwort näher war, als er glaubte!

Etwas abseits vom Dorf schlug er sein Lager auf und aß den Rest seiner Vorräte. Sie machten ihn nicht wirklich satt, aber er verspürte auch nicht die geringste Lust, sich bei den Dorfbewohnern etwas Essbares zu besorgen. Morgen würde er weiterreiten, dachte er sich und fiel in einen tiefen Schlaf. In seinen Träumen sah er weiterhin das Elend dieser Menschen hier. Er sah Bilder von zerstörerischen Grausamkeiten, die erklärten, warum es hier so unwirklich und grau aussah, als er jäh aus seinem Schlaf gerissen wurde. Ein stinkendes und pelziges Etwas schnaubte sabbernd über ihm. Panisch schlug er auf dieses Ding ein, als es plötzlich jaulend über ihm zusammenbrach. Zwei Dorfbewohner mit Bogen in der Hand kamen angerannt und zogen das pelzige Ungetüm von dem Prinzen herunter, der vor lauter Schock gar nicht verstand, was da soeben geschehen war. Die zwei Dorfbewohner erklärten ihm, dass in letzter Zeit immer mehr wilde Tiere gefährlich nahe an das Dorf kämen und es doch sicherer sei, das Nachtlager ins Dorf hinein zu verlegen. Zitternd willigte Prinz Salosi ein und ging mit den beiden zu den Hütten. Irgendwie waren diese Männer ganz anders als die Menschen, die er zuvor hier gesehen hatte. Sie schienen nicht mehr so ängstlich und traurig. Nein, stark und sich liebevoll sorgend wirkten sie nun auf ihn.

Den Rest der Nacht verbrachte der Prinz bei einem der Männer in der Hütte, zusammen mit den anderen Bewohnern um den Ofen liegend. Als der nächste Tag anbrach, wurde er von einem lauten Gekicher geweckt. Eine Schar Kinder stand um ihn herum und beäugte ihn und seine Gewänder. Sofort wurden die Kinder verscheucht und eine Frau reichte ihm einen Becher Wasser.

»Ihr seid bestimmt durstig«, sagte sie mit freundlicher Stimme. »Trinkt etwas, und dann begebt Euch zu uns an den Tisch. Dort gibt es etwas zu essen.«

Mit diesen Worten deutete sie in die Richtung des Tisches und begab sich sogleich selbst dorthin. Der Prinz trank hastig seinen Becher leer und folgte der Frau. Sein Magen knurrte schon leicht, hatte das Mahl vom Abend zuvor seinen Hunger ja nicht ganz stillen können. Am Tisch angekommen, erblickte er seine beiden Retter aus der letzten Nacht und bedankte sich nun in aller Form bei ihnen und entschuldigte sich, dass er es vorher noch nicht getan hatte. Er konnte nach diesem Erlebnis aber keinen klaren Gedanken fassen; zu sehr hatte ihn das Erlebte erschreckt.

»Ihr habt keinen Grund zu danken, werter Herr«, sprach einer der Männer, »seit dem Krieg häufen sich diese Zwischenfälle, weswegen wir des nachts auch Wachen aufgestellt haben.«

»Was für ein Krieg?«, wollte der Prinz wissen, wurde aber erst einmal mit den Worten vertröstet, dass er doch erst etwas essen solle. Für ein Gespräch sei danach noch immer ausreichend Zeit. Hungrig griff er nun also zu und ließ es sich schmecken. Nun ja, er ließ es sich so gut schmecken, wie es mit diesem Essen möglich war. Bestand es doch nur aus einem Brei aus etwas Getreide und Wasser sowie ein paar Wurzeln.

»Tut uns sehr leid, aber mehr können wir Euch leider nicht bieten«, sprach die Frau, die ihn geweckt hatte, als sie seinen wohl leicht angeekelten Blick sah. »Das bisschen, was wir haben, reicht kaum, um über die Runden zu kommen. Aber dennoch teilen wir es gerne mit Euch.«

Von diesen Worten war Prinz Salosi peinlich berührt und er versuchte nun, ein Gesicht wie bei einem wohlschmeckenden Festmahl zu machen, was ihm nicht besonders leicht fiel, aber wohl Wirkung auf seine Gastgeber zu zeigen schien. Auf jeden Fall blickten sie, so schien es ihm, nun zufriedener.

Nachdem er das Essen nun mehr schlecht als recht „genossen" hatte, wollte er aber auch seine Neugier gestillt haben und fragte erneut, was es mit dem Krieg auf sich habe.

»Ach, Herr«, fing einer der Männer mit dem Erzählen an, »das ist eine so unglückliche Geschichte. Unser Volk besteht aus vielen kleinen Dörfern, die zwar alle für sich alleine stehen, aber in einer Gemeinschaft alles miteinander teilen. Eines Tages wurde ein Dorf in der Nähe unserer Landesgrenzen von Horden aus dem Nachbarland überfallen. Sie nahmen alles mit, was für sie von Wert war und ließen verbrannte Erde zurück. Die, die überlebten, schleppten sich in die benachbarten Dörfer, um dort in Sicherheit zu sein. Leider blieb dieser Überfall aber nicht der einzige, und so wurde ein paar Monate später das nächste Dorf überfallen. Wieder ließen die Horden nach ihrem Raubzug nur verbrannte Erde zurück. So legten sie in den folgenden Monaten ein Dorf nach dem anderen in Schutt und Asche.«

»Aber warum taten sie das?«, fragte der Prinz entsetzt. »Was waren ihre Beweggründe für ihre Angriffe?«

»Das haben wir uns auch lange gefragt Herr«, fuhr der Mann fort. »Es wurden ja keinerlei Forderungen an uns gestellt. Eine Antwort bekamen wir erst, als wir einen Kämpfer der feindlichen Horden gefangen nehmen konnten. Es ging um nichts, wirklich um nichts. In ihrem Land war eine schlimme Krankheit ausgebrochen, die viele Menschen dort das Leben gekostet hatte. Da diese Krankheit aber gänzlich unbekannt war, konnte sie nur von einem Fremden kommen. Somit waren alle Nachbarländer schuld an diesem Unglück, und der Häuptling der Horden, ein grausamer Mann, beschloss, alle Länder um ihn herum in Schutt und Asche zu legen. Er schwor sich, in allen Nachbarländern nur noch verbrannte Erde zu hinterlassen. So würde auch die Krankheit sterben, die so viele Menschen aus seinem Volk das Leben gekostet hat.«

»Was für eine grausame Ungerechtigkeit«, warf Prinz Salosi ein, »was habt ihr dagegen unternommen?«

»Nun«, sprach der Dorfbewohner weiter, »wir sind zwar nur ein Volk von Fischern und Bauern, aber wir haben alles zusammengesucht, was man in irgendeiner Weise als Waffe benutzen kann und sind gegen die Horden in den Krieg gezogen. Trotz hoher Verluste gaben wir nicht auf, und so kämpfen wir noch immer gegen diesen uns überlegenen Feind.«

»Ihr seid aber doch keine Soldaten, wie könnt Ihr den gegnerischen Horden denn Stand halten? Woher nehmt Ihr die Kraft und die Zuversicht, Euch solch überlegenen Gegnern entgegenzustellen?«, fragte der Prinz überrascht.

»Herr, das ist ganz einfach zu erklären«, entgegnete der Mann. »Als unsere Vorfahren vor ewigen Generationen sich hier niedergelassen haben, war das Land hier öd und kahl. Es wurde viel Blut und Schweiß in dieses Land gesteckt, und mit viel Arbeit und einem Leben in Entbehrung wurde eine wundervolle Heimat für folgende Generationen geschaffen. Wir sind stolz auf das, was unsere Vorfahren hier geleistet haben und lieben unser Land so, dass wir für seinen Fortbestand kämpfen. Wenn es sein muss, bis in den Tod.«

Mit diesen Worten hämmerte der Mann mit stolzgeschwellter Brust auf den Tisch und die anwesenden Männer taten es ihm gleich.

Prinz Salosi stand auf und ging vor die Hütte. Er betrachtete das Elend in diesem Dorf und fragte sich, was für ein Gesicht der Liebe er soeben zu sehen bekam. Er erkannte, dass beide Länder ihr Land liebten und diese Liebe so tief ging, dass dafür getötet und gestorben wurde. Er erkannte auch, dass diese Liebe sich aber ebenfalls auf Stolz aufbaute. Auf falschen und auf wahrhaftig und tief empfundenen Stolz. Er fragte sich, ob die Liebe tatsächlich nicht immer nur in Schönheit strahlt, sondern auch hässliche Gesichter hat und beschloss, eine Zeit lang hier zu bleiben, um herauszufinden, ob es hier, neben dieser offensichtlich hässlichen Seite der Liebe, auch schöne Seiten zu finden gab.

Einquartiert in der verlassenen Hütte eines Gefallenen, nahm der Prinz nun schon seit einigen Tagen am Dorfleben teil und war fasziniert von den Menschen, die hier lebten. Es beeindruckte ihn, wie sie in dieser schweren Zeit des Verlustes und der Entbehrung und trotz der ständigen Angst ein so harmonisches Leben miteinander führen konnten. Er war es nicht gewohnt, dass sich einer um den anderen kümmerte und immer eine helfende Hand zur Stelle war, ohne eine Gegenleistung dafür einzufordern. Er verstand, dass er in dieser Gemeinschaft eine kollektive Art von Liebe erfuhr, die jeden Einzelnen mit einband, aber nur gemeinsam funktionierte. Es war eine neue und sehr schöne Erfahrung für ihn. Das Leben im Dorf war geprägt von harter Arbeit, hatte der Krieg doch einiges an Tribut gefordert. Die Männer, die heimgekommen und nicht verletzt waren, taten alles, um dem Boden eine halbwegs gute Ernte abzuringen, fehlte es doch an vielen helfenden Händen. Selbst die Frauen und die Kinder mussten arbeiten, als wären sie einer der Männer. So hart die Arbeit und so groß der Hunger aber auch waren, sie verrichteten ihre Arbeit stets mit einem Lächeln im Gesicht und einem Lied auf den Lippen. Auch wenn diese manchmal traurig und düster klangen, so spürte man doch die Liebe, die sie lebten, die Liebe zum Leben selbst.

Die Monate zogen ins Land und das Dorf wurde, so gut es ging, wieder aufgebaut. Die Felder versprachen eine halbwegs gute Ernte, und Mutter Natur brachte wieder Farbe in das einstige triste Grau an diesem Ort. Es schien so, als ob alles wieder seinen normalen Gang gehen würde, als plötzlich ein Junge aufgeregt schreiend durch das Dorf rannte.

»Der Feind, der Feind! Er ist hier im Dorf!«, schrie er aus vollem Hals und hörte erst auf, als einer der Männer ihn festhielt.

»Der Feind?«, wurde der Junge gefragt. »Wo hast du ihn gesehen und wie viele hast du gesehen?«

Mit zitternder Stimme sprach der Junge: »Dort im Haus von Kiara habe ich ihn gesehen, einen der Soldaten, einen Feind!«

Sofort griffen alle Männer etwas, was man als Waffe nutzen konnte und liefen lautstark zu dem besagten Haus, bereit, alles zu verteidigen, was sie liebten. Am Haus angekommen sahen sie Kiara in der Tür stehen, hinter ihr war schemenhaft eine Gestalt zu erkennen.

»Halt!«, rief die Frau, »Was wollt ihr mit den Waffen in der Hand bei meinem Haus?«

»Du versteckst einen Feind!«, tönte es erbost aus der Menge. »Du verrätst unsere Gemeinschaft und bringst uns alle in Gefahr.«

»Ich verstecke keinen Feind«, erwiderte Kiara, »ich verstecke einen Menschen!«

»Ein Feind ist nicht ein Mensch wie wir. Er hat unsere Brüder getötet«, schrie einer der Männer.

»Und ob er ein Mensch ist wie ihr«, kam wütend zurück. »Er fühlt Schmerz und Liebe ebenso wie ihr. Ich fand ihn im Wald, ängstlich zitternd, weil er seinem Heerführer davonlief, gebeutelt von der Krankheit, die uns diesen Krieg bescherte. Ich pflegte ihn die ganze Zeit und lernte ihn so gut kennen wie jeden einzelnen hier von euch, und wenn ich diesen Mob hier so sehe, ist er in diesem Moment mehr Mensch als ihr alle zusammen. Haben wir nicht schon genug Elend erlebt und sollten uns nicht in Barmherzigkeit üben!? Frieden fängt nicht auf den Schlachtfeldern an, sondern in euch, in euren Herzen.«

Diese Worte ließen die wütende Meute verstummen, die langsam die Waffen senkte. Wussten sie doch um die Wahrheit, die in den Worten von Kiara steckte. So groß auch der Hass auf den Feind war, so konnte doch nur ein Akt der Nächstenliebe den Frieden herbeiführen. Man beriet sich kurz, was nun zu tun sei, und beschloss, drei Männer zu dem feindlichen Soldaten gehen zu lassen, um mit ihm zu reden, wollte man das neu Aufgebaute doch nicht mit Hass besudeln. Wie sich herausstellte, war der Fremde tatsächlich desertiert, weil er nicht bereit war, für den Hass seines Häuptlings Menschen zu töten, die in keinster Weise Schuld an seiner Verblendung hatten. Zwar verstand er die tiefe Trauer um die geliebten Menschen, die dem Häuptling und auch anderen durch die Krankheit genommen wurden, konnte aber die Mittel, die Krankheit zu vernichten, nicht billigen. So nutzte er die erstbeste Gelegenheit, um sich davonzustehlen und schlug sich in den Wald, wo er erschöpft unter der Krankheit zusammenbrach, die auch ihn eingeholt hatte. Kiara fand ihn dort und versteckte ihn in einer Höhle. Sie pflegte ihn dort so lange mit Kräutern, bis er stark genug war, ihr in ihr Haus zu folgen, damit sie nicht immer den langen und gefährlichen Weg zu ihm in die Höhle machen musste. In dieser Zeit habe er Kiara lieben gelernt und er bat, das Wissen um die Heilung der Krankheit in sein Land und zu seinem Häuptling tragen zu dürfen, auch wenn dies seine Hinrichtung als Deserteur bedeuten würde. Er wolle seine Liebe jedoch nicht in Angst leben, und so solle wenigstens Kiara frei und in Frieden leben dürfen und wer weiß, vielleicht zeige ja auch sein Häuptling sein Herz und ließe aus Liebe zu seinem Volk Gnade walten.

Man sprach noch die ganze Nacht miteinander am Lagerfeuer über alles Mögliche. Welche Unterschiede es bei den beiden Völkern gab und wie viel doch gleich war. Es war ernst und es war fröhlich. Sie feierten als Brüder und freuten sich über die Hoffnung auf einen endgültigen Frieden. Prinz Salosi setzte sich etwas abseits des Dorfes auf einen kleinen Hügel und betrachtete die Sterne am klaren Himmel. Er fühlte, dass es Zeit war, heimzukehren und dachte über die Frage nach, die ihn bis hierher getrieben hatte. In seinem Kopf sah er noch einmal die vielen Arten der Liebe, die er auf seiner Reise erlebt hatte.

Der Prinz dachte an die alte Frau, die alleine im Wald ihre Liebe zu den Tieren und Pflanzen, zur Natur lebte. An die Mönche, die ihre Liebe im Glauben an einen ebenfalls liebenden Gott und seinen Sohn finden und diese als Nächstenliebe weitergeben. Auch musste er an die Vielzahl seiner eigenen Gefühle während seiner Reise denken. Wie sehr er es liebte, frei zu sein und wie es ihn des Öfteren schmerzte, von seiner geliebten Heimat getrennt zu sein. Gebar die Liebe doch auch eine tiefe Sehnsucht in ihm. Nicht zuletzt dachte er über seine Erfahrungen nach, die er hier im Dorf gemacht hat. Welch Vielzahl von Gesichtern hat ihm die Liebe hier gezeigt! Menschen, die aus Liebe kämpfen, ob es nun gut ist oder nicht, sie tun es aber aus Liebe zu ihrem Land. Menschen, die nichts haben und doch alles miteinander teilen, weil sie eine Liebe der Gemeinschaft leben, die fröhlich sind, weil sie das Leben einfach lieben. Er erlebte Menschen, denen so viel Leid zugefügt wurde und die sich doch in einem Akt der Barmherzigkeit mit ihrem Feind verbrüderten, war er doch auch nur ein Mensch, der liebte.

»Was ist Liebe?«, fragte sich Prinz Salosi erneut und antwortete sich selbst traurig: »Darauf werde ich wohl keine Antwort finden.«

Mit diesen Worten fasste er den Entschluss, seine Suche zu beenden und schon am nächsten Tag die Reise zurück in sein Königreich anzutreten. Der Rest der Nacht verlief ziemlich unruhig für den Prinzen, waren seine Gefühle doch eine Mischung aus Traurigkeit über die ausbleibende Antwort und aus Freude, nach so langer Zeit die Heimreise anzutreten.

Mit den ersten Sonnenstrahlen des frisch erwachten Tages fing Prinz Salosi an, sein Bündel zu packen und sich mit etwas Proviant einzudecken. Er wollte schnell heim, war die Aufregung doch groß, seinen Vater endlich wieder in die Arme schließen zu können. Es dauerte lange, sich von allen Dorfbewohnern zu verabschieden, war der Prinz doch ein vollwertiges und liebgewonnenes Mitglied der Gemeinde geworden, das man ungern ziehen ließ.

Der Prinz wollte gerade sein Pferd besteigen, als ein kleines Mädchen mit einer getrockneten Blume in der Hand auf ihn zu trat. Er kniete sich vor sie hin, und während sie mit ihren klaren blauen Augen tief in seine Seele zu schauen schien, sagte sie: »Lieber Prinz, ich habe die erste Blume, die wieder Farbe in unser Dorf brachte, für dich aufgehoben. Sie soll dich immer daran erinnern, wie viel Liebe wir gemeinsam in dieser Welt erfahren.«

Mit diesen Worten und einem Kuss auf seine Wange gab sie ihm die Blume und eine kleine Träne lief ihm das Gesicht herunter.

Der Heimweg nach Tarozien verlief ohne großartige Zwischenfälle, und auch wenn seine Reise nicht von Erfolg gekrönt war, so war sein Leben doch um so vieles reicher geworden.

Als Prinz Salosi endlich die Grenzen zu seinem Reich erreichte, machte die frohe Kunde seiner Rückkehr im ganzen Königreich die Runde. Mit einem heroischen Empfang wurde er von seinem Vater begrüßt, der überglücklich war, seinen Sohn nun endlich wieder in die Arme schließen zu können. Natürlich wollte er alles, was der Prinz erlebt hatte, bis ins kleinste Detail erfahren, aber die brennendste Frage war natürlich, ob sein Sohn denn eine Antwort auf seine Frage bekommen habe. Prinz Salosi schämte sich in diesem

Moment, hatte er seine Reise doch vergebens gemacht und war ohne eine Antwort zurückgekommen. Er senkte den Blick gen Boden und bohrte seine Hände in seine Taschen, als er dort die Blume des kleinen Mädchens zu fassen bekam. Er schloss kurz seine Augen und alles Erlebte durchfloss ihn mit einer enormen Energie. Mit erhobenem Haupt und leuchtenden Augen fing er an zu erzählen: »Vater, Liebe ist ein Gefühl, welches in unseren Herzen wohnt. Liebe ist aber weitaus mehr als das. Liebe ist mehr als nur ein einziges Gefühl: Sie ist die Essenz aller Gefühle! Liebe ist das, was wir tun und das, was wir sind. Liebe ist das Größte, was es auf dieser Welt gibt und zugleich auch das Kleinste. Liebe ist einfach in allem und in jedem. Sie ist es, die alles zusammenhält. Du kannst die Liebe nicht finden, sondern nur erfahren, denn sie findet dich. Ich konnte keine wirkliche Antwort auf meine Frage finden, weil man die Liebe nicht erklären kann. Liebe ist!«

Mit einem Mal wurden die Herzen aller anwesenden Menschen ganz leicht und warm. Ein enormes Gefühl der Liebe durchzog ihre ganzen Körper. Von diesem Moment an war nichts mehr wie vorher. Von diesem Moment an war dies das Königreich der Liebe.

Die Bauersfamilie und das Waldzwergengold

Yule Forrest

Es war einmal ein Land, in welchem kein König sein Unwesen trieb. Zwischen Feldern und Wiesen ragten kleine rote Hausdächer in die Luft. Sie waren meist viele Tagesritte voneinander entfernt, weshalb sich die Bewohner nur selten trafen. So begab es sich, dass eine Familie ihres trauten Lebens überdrüssig wurde. Die Dame des Hauses wünschte sich ein größeres und schöneres Haus.

»Jedes Land braucht einen Herrscher«, pflegte sie zu murmeln, wenn sie von ihrem Dachfenster die Landschaft betrachtete.

Eines Morgens stand sie erneut an jenem Fenster, als ihr Mann zu ihr trat: »Was blickst du immer gedankenverloren auf die Welt herunter. Sie sieht von hier oben nicht anders aus als von unten.«

»Ich«, so erklärte die Frau, »blicke nicht auf die Welt. Dies, mein Liebster, ist mein neues Reich.«

Ihr Mann lachte: »Du träumst, Frau! Der Tag ruft und Arbeit ist zu tun. Die Kühe wollen längst gemolken sein und das Heu droht feucht zu werden auf dem Feld ...«

Nach diesen Worten machte er kehrt und stieg die hölzerne Treppe hinab.

Schnaubend drehte die Frau sich zum Fenster, reckte die Faust in die Luft und schrie: »Dir, Mann, werd ich´s zeigen!« Noch in jener Nacht schmiedete sie ihren Plan.

Am darauffolgenden Tag, als sich die ersten Strahlen der morgendlichen Sonne über das Land ausbreiteten, lag die Welt noch im Schlafe. Nicht einmal der Meister des Weckgesangs hatte sein Haupt aus den Federn erhoben.

Auf dem kleinen Hof am Rand des großen Waldes sah man einen Jungen über den Hof schleichen. Seine nackten Füße huschten geräuschlos über die unregelmäßigen Pflastersteine. Er erreichte die Scheune und schlüpfte durch die Tür. Einige Sekunden später kam er wieder heraus. In der Hand hielt er einen Apfel, welcher am Vortag geerntet worden war. Leisen Schrittes lief der Junge zurück zum Wohnhaus.

Er zog gerade die große Tür hinter sich zu, als er schon die Stimme seiner Mutter hinter sich vernahm: »Nicht genug, dass du dich unerlaubt an unserem Apfelvorrat vergreifst. Auch Schuhe kann ich an deinen Füßen nicht entdecken. Schäm dich, Martin!«

Mit gerötetem Gesicht blickte der Junge zu Boden, murmelte eine Entschuldigung und lief die Treppe hinauf. Er holte seine Schuhe und brachte unter den beobachtenden Augen der Mutter den Apfel zurück in die Scheune.

Den Rest des Tages verbrachte Martin damit, seiner Mutter in der Küche zu helfen. Als sich der Abend über das Land legte, erschien auch der Vater. Sie aßen zu Abend und begaben sich dann nach draußen, um wie jeden Abend das Vieh zu füttern und die Hühner zurück in den Stall zu sperren.

Nach einigen Sekunden durchbrach ein ungläubiger Schrei die abendliche Stille. Martin legte sein Messer zur Seite und lief nach draußen. Inmitten des Hofes sah er seine Eltern stehen.

»Weg, einfach weg!«, sagte die Bäuerin mit brüchiger Stimme.

»Wie kann das nur sein?«, fragte tonlos der Vater.

Langsam begriff Martin, was geschehen war. Auch er blickte sich suchend um. Weit und breit war kein Tier zu sehen. Da sah er etwas, was ihm seltsam vorkam.

»Mutter, Vater, seht!«, rief er und deutete auf den Pfad, der sich an dem einsamen Hof vorbeischlängelte. Die beiden drehten sich um. Auch sie erblickten, frisch eingegraben in dem lockeren Boden, eine Wagenspur.

Die Familie ging zurück in ihr Haus. Betrübt saßen sie um den eckigen Esstisch.

»Wie soll es nur weitergehen?«, klagte die Mutter. »Die Stadt ist zu weit entfernt, aber ohne Tiere können wir nicht überleben.«

Niemand antwortete und kurze Zeit später zog sich die Familie in ihre Schlafkammer zurück.

Am Morgen ertönte kein Hahnenschrei. Martin erwachte und von seinem Bett aus beobachtete er den sich im Wind wiegenden Apfelbaum. Zwischen den belaubten Zwei-gen saß eine Amsel. Ihr Kopf ruckte in seine Richtung und sie begann zu singen:

Es ward einmal des Bauers Frau,
sie wünscht sich Ruhm und Ehre,
mehr Vieh und Land, so spricht sie,
das ist, was ich begehre.

Bei Nacht treibt sie die Pferde an,
in einer Kutsche, schwarz wie Teer,
Schnäbel, Hufe und Pfoten
folgen der Hexe hinterher.

Aus dem Osten war sie gekommen,
dorthin kehrte sie nun zurück,
nur wer ein reines Gewissen besitzt,
dem ist hold das Glück.

Immer und immer wieder wiederholte das Tier jene drei Strophen, bis es plötzlich verstummte und in den Morgen davonflog. Martin stieg aus dem Bett und schlüpfte in seine Schuhe.

Während des Tages lag, einem grauen Schleier gleich, eine Trübsal über dem Haus. Keine Arbeit wurde getan und mit jeder Minute sickerte Hoffnungslosigkeit zwischen die Mauerritzen. Sie vergiftete die ehemals wohlige Atmosphäre.

Am späten Nachmittag packte Martin seine Pfeife ein und verließ das Haus. Er mochte die Mutlosigkeit nicht mehr ertragen. Hinter dem Haus floss ein kleines Bächlein. Es war nur einige Schritt breit und doch jahrtausendalt. Gekonnt sprang der Junge über das Wasser und setzte sich auf einen Stein, der von der Sonne aufgeheizt am Ufer ruhte.

Nach einer Lösung grübelnd, pfiff er auf seiner Pfeife und war daher lange nicht der Melodie gewahr, die er immer und immer wieder wiederholte. Als er die Melodie nun wieder vernahm, erinnerte er sich an das Lied, welches er am Morgen vernommen hatte.

»Ob Frau Amsel mit ihrem Lied die Wahrheit sang?«, fragte er sich laut. »Doch nein, dies scheint mir Hexenwerk zu sein. Die Mutter hat's verboten«, fügte er hinzu und beschloss, ein anderes Lied zu spielen.

Ein meckerndes Lachen drang da aus dem Wald, gefolgt von einer Stimme: »Manchmal ist zu folgen Mutters Rat, eine edle, gute Tat, doch manch andermal auch nur eine lästige Qual.«

Erschrocken drehte Martin sich um und sah, auf einem Zweig wippend, einen kleinen Mann. Er trug ein grünes flaches Käppchen auf dem Kopf und seinen runden Bauch bedeckte eine braune Latzhose.

»Was meinst du damit, kleiner Wicht?«, erboste sich Martin.

Mit dem Kopf wackelnd gab der Mann zur Antwort: »Wer auf Erden hat das Recht zu entscheiden, was gut ist und was schlecht? Ist nicht der reine Sinn des Herzens tiefster Gewinn?«

Wütend blickte der Junge auf den Zwerg: »Du sprichst in Rätseln, kleiner Wicht! Erkläre dich, oder lass mich in Frieden!«

Mit einer Hand fuhr sich der Zwerg durch seinen Bart: »Junger Mann, höre auf das Gedicht, und eines sei dir gesagt: Einen Wicht nennst du mich nicht!«

Mit einem Blätterraschen verschwand der kleine Herr im Dickicht des Waldes. Martin sah ihm verdutzt nach. Da verstand er plötzlich und er rief nach dem Zwerg. Als sich nach wiederholtem Male kein Käppchen aus den Blättern schälte, sprang der Junge auf und lief in den Wald hinein. Erst nach einigen Schritten wurde ihm klar, was er da tat, und voll Angst wollte er schon umkehren, da senkte sich die Spitze eines Asts auf seine Schulter. Martin zuckte zusammen und drehte sich wieder um. Vor ihm saß erneut der kleine Zwerg. Der Ast entpuppte sich als kleiner Gehstock, dessen goldene Spitze aufblitzte, während der kleine Mann ihn gekonnt durch die Luft wirbelte. Während Martin dem Lichtspektakel mit den Augen folgte, schälte sich aus seinen Erinnerungen ein Fragment.

Vor vielen Jahren hatte es ein reicher Kaufmann aus der Stadt gewagt, das Land zu bereisen, und war von Tür zu Tür gezogen, um seine Waren zu feilzubieten. Als er an den Hof von Martins Familie gelangte, zeigte er viele seiner wertvollen Güter. Nicht eines davon hatte Martin jemals zuvor gesehen und des Öfteren wünschte er, er könnte die Kleinodien besitzen. Als er nach dem Preis der Waren fragte, antwortete der fahrende Händler, dass er nur Gold als Preis akzeptiere. Daraufhin hatte Martins Vater ihn vom Wagen weggezogen und hatte dem Händler erklärt, dass er kein Gold besitze, da es wichtigere Besitztümer gab als ein glänzendes Metall.

Als der Herr schon wieder weitergefahren war, hatte Martin gefragt, was es mit dem Gold auf sich habe und sein Vater hatte geantwortet: »Gold, mein Sohn, ist nur Metall. Manche Menschen halten es für etwas Wertvolles, ohne das sie nicht leben können, aber glaube mir, das Leben bietet so viel Wichtigeres.«

Das Lied der Amsel kam Martin erneut in den Sinn und ein Plan nahm in seinen Gedanken Gestalt an.

»Herr Zwerg, ich sehe, dass Euer Knauf aus Gold gemacht ist. Was kann ich Euch zum Tausch anbieten, damit Ihr ihn mir schenkt?«, fragte Martin.

»Dir gebe ich den Stock sicherlich nicht, nanntest du mich doch einen Wicht«, antwortete der Zwerg mit einem hinterlistigen Grinsen, »doch tief im Wald verschollen, ruht, versteckt vor den Menschen, Gold in einem Stollen.«

»Was muss ich tun, damit ich diesen geheimen Gang finde?«, fragte Martin.

»Ein Zauber liegt auf diesem Ort, mal ist er hier, mal ist er dort. Es müssen sein der Mannen drei, ein Mensch allein, der Zwerge zwei«, erklärte das kleine Wesen.

»Du kennst doch bestimmt noch weitere Zwerge. Hole doch noch einen hierher und lass uns nach dem Schatz suchen«, bat Martin.

Der Junge hatte schon vieles von dem kleinen Volk gehört. Seine Mutter erzählte von den Waldzwergen, wann immer es zu kalt war, um das Haus zu verlassen und sich die Familie um das Herdfeuer versammelte. Daher wusste er auch, wie neidisch die kleinen Wesen waren. Umso mehr verwunderte es ihn, als der kleine Zwerg nickte und erneut in den Tiefen des Waldes verschwand. Kurze Zeit später kehrte das Männlein zurück. Hintendrein hüpfte ein weiterer Zwerg. Die beiden ähnelten sich auf das Haar genau und auch dieser hielt einen mit Gold beschlagenen Gehstock in Händen.

»Nun, dann los, junger Mann. Lass uns Gold suchen gehen«, sagte jener zweite Zwerg.

Martin nickte, und so begann ihr Weg. Immer tiefer und tiefer liefen sie in den Wald hinein. Die Blätter wuchsen immer dichter, bis es bald kein Weiterkommen zu geben schien.

»Wie sollen wir diese Höhle denn finden, wenn wir ohne Plan herumirren?«, fragte Martin.

»Der Magie muss man trauen und unentwegt nach vorne schauen. Der Eingang wird sich uns zeigen, wenn die Höhle gefunden werden will, ansonsten uns verborgen bleiben«, antwortete der Zwerg mit erhobenem Zeigefinger.

Daraufhin kletterten sie weiter. Immer öfter mussten sie stehenbleiben, um mehrere Äste zur Seite zu schieben. Den kleinen Zwergen fiel die Fortbewegung um einiges leichter, da sie sich durch kleine Lücken schlängeln konnten. Vor Martin erschien ein kleiner Lichtstrahl. Enttäuscht wollte Martin schon umkehren, da er hinter den Ästen den Waldrand vermutete, da zogen ihn die kleinen Männchen weiter zum Ursprung des Lichts. Hinter den Ästen lag eine kleine Lichtung. Kein Gras wuchs darauf. Stattdessen befand sich in dessen Mitte eine kreisrunde Holztür, welche wohl ursprünglich von einem alten Weinfass stammte.

Ein Jubelschrei entrang sich Martins Kehle. Er verlor keine Zeit und zog an dem Holzknauf. Es knarrte und die Tür schwang hoch.

Sie traf hart auf dem Erdboden auf. Martin trat einen Schritt nach vorne und blickte in das Loch hinein.

Eine Holzleiter führte einige Meter in die Tiefe, von da an verlief ein Gang immer tiefer in die Erde hinein. Martin begann die Leiter hinabzuklettern. Die zwei Zwerge folgten ihm. Als er am Ende angekommen war und auch seine Begleiter neben ihm zum Stehen gekommen waren, entzündeten sich eine nach der anderen kleine Fackeln an den Wänden, sodass der gesamte Tunnel in gelbem Licht erstrahlte. Sobald Martin tiefer zu blicken vermochte, sah er, dass sich der Tunnel mit jedem Meter immer weiter verengte.

»Ich bin für diesen Gang zu groß. Ihr Zwerge müsst alleine gehen und mir das Gold bringen!«, entschied der Junge.

»Rechts geleitet von meiner Hand, mit links gewoben zu einem Band, aus Mensch wird Zwerg, gemeinsam zu vollenden das begonnene Werk«, erklärte der Zwerg und tat es seinem Freund gleich, welcher bereits nach Martins linker Hand gegriffen hatte.

Im selben Moment breitete sich Wärme in des Jungen Körper aus und der Höhlengang wurde immer größer. Als Martin zur Seite blickte, fand er sich Auge in Auge mit dem braunen Augenpaar des Zwergs. Dieser zwinkerte und zog Martin hinein in den Stollen. Nach etlichen Biegungen verschwand der Gang plötzlich im Dunkeln.

Als die drei näher traten, wurde Martin erst bewusst, dass es sich bei der vermeintlichen Dunkelheit um eine Sackgasse handelte. Er wollte schon entmutigt aufheulen, als er die Runen auf dem Stein bemerkte. Es waren Zwergenrunen, welche er nicht in der Lage war zu entziffern. Nachdem die beiden Zwerge zu Ende gelesen hatten, begannen sie, sich in ihrer hart klingenden Sprache zu unterhalten. Mit seinen Augen folgte Martin dem Wortwechsel, auch wenn er die Worte nicht verstehen konnte. Nur des bestätigenden Nickens beider wurde er gewahr. Die kleinen Männer zogen Martin weiter zu der Mauer und strichen beide jeweils an den Seiten des Steins über die Wand. Mit einem Knirschen öffnete sich in der Mitte ein kleiner Spalt, der langsam größer und grö-ßer wurde. Gleichzeitig öffnete sich eine weitere Öffnung zu Martins Rechten. Die Form der entstandenen Nische erinnerte ihn an etwas, doch er konnte sich nicht entsinnen, woran. Fast beiläufig zogen die beiden Zwerge Martin in jene Ecke. Noch ehe er sich versah, stand er inmitten der neu entstandenen Öffnung. Da plötzlich ließen ihn die Zwerge los. In Windeseile wuchs Martin zu seiner normalen Größe heran. Sein ganzer Körper füllte die Nische bis auf den kleinsten Millimeter. Gleichzeitig verbreitete sich der schon entstandene Spalt und gab einen Raum frei.

Bis hoch an die Decke türmten sich Goldbarren auf. Die beiden Männlein rannten in den Raum und nahmen sich, so viel sie mit ihren kleinen Armen tragen konnten. Ohne einen Blick zurück zu werfen, verschwanden sie mit ihrer Beute in dem beleuchteten Gang, welcher Martin nun wieder wie ein Mauseloch erschien.

Er versuchte, aus der Nische zu treten, doch mit jeder Bewegung schob sich das Tor zur Kammer ein kleines Stück weiter zu. Er fasste nach oben und spürte, dass auf sei-nem Kopf ein Hebel ruhte, welcher die Tür offenhielt.

Martin musste versuchen, aus dem Spalt zu kommen, ohne den Hebel zu bewegen. Er grübelte, doch ihm wollte keine Lösung einfallen. Er sah zu Boden, wo er seine Holzschuhe bemerkte. Jene Schuhe, welche seine Mutter ihm verboten hatte auszuziehen, sobald er sich außer Haus befand.

Er erinnerte sich an einen Morgen, als er vor Aufregung aus dem Haus gelaufen war, da er nachsehen wollte, ob die kleinen Küken schon geschlüpft waren. Dabei hatte er seine Schuhe vergessen und wurde von seiner Mutter auf dem Hof überrascht.

»Hast du denn kein schlechtes Gewissen?«, hatte sie ihn gefragt.

Bei dem Wort Gewissen fiel Martin das morgendliche Amsellied wieder ein, und da wusste er, was zu tun war. Vorsichtig darauf bedacht, seinen Kopf nicht zu bewegen, hob er seinen Fuß und griff nach einem Schuh. Gleichzeitig fasste er mit der anderen Hand den Hebel, um ihn nach oben gedrückt zu halten. Während er sich langsam duckte, klemmte er seinen Schuh in die Wandspalte und drehte diesen so, dass der Hebel sich nicht bewegen konnte. Den zweiten Schuh stopfte er darunter, um sicherzugehen, dass der erste nicht verrutschen konnte.

Nun stand Martin vor der Kammer. Das Gold funkelte ihm entgegen. Nein, er hatte kein schlechtes Gewissen. Nur so konnte er seine Familie retten und dazu musste er nun einmal die Regel seiner Mutter brechen. Nur wie kam er nun aus diesem Gang? Er war zu groß um wieder zurückzukriechen. Martin sah sich um. Da kam ihm plötzlich eine Idee. Wenn dieser Gang von den Waldzwergen gebaut worden war, konnten ihn die kleinen Männer nicht allzu tief in die Erde gegraben haben.

Waldzwerge waren im Gegensatz zu Bergzwergen sehr schwach und zogen es vor, Höhlen in Bäume zu bauen.

Martin betrat den mit Gold gefüllten Raum und hob einige der Barren an, um sie auf-einander zu stapeln. Immer höher wurde sein Turm, bis er an der Höhlendecke angelangt war. Dort zog er seine Pfeife aus der Tasche und bohrte mit ihr ein Loch in die Decke. Er hatte recht gehabt. Sie war nicht sehr stabil gebaut. Vorsichtig, damit die Decke nicht in sich zusammenfiel, schob Martin Schicht um Schicht der lockeren Erde beiseite, bis das Loch groß genug war, um hindurchzusteigen. All das Gold, das er tra-gen konnte und welches ihm nicht als Treppe diente, nahm er an sich. Damit kämpfte er sich zurück durch den Wald.

Als er aus dem Schatten der Bäume trat und vor sich wieder den Fluss erblickte, war die Sonne schon beinahe hinter dem Horizont verschwunden. Er überlegte, wie er das Gold am besten zu jener Bauersfrau transportieren könnte, da hörte er von weitem das Rattern von Rädern. Als er sich dem Geräusch zuwandte, sah er sie. Eine schwarze Kutsche holperte den Schotterweg entlang. Mutig wagte er den Sprung auf den Weg. Die Kutsche jedoch blieb nicht stehen. Sie rollte immer weiter mit derselben Geschwindigkeit auf den Jungen zu. In letzter Minute sprang Martin zur Seite und das Gefährt preschte vorbei. Martin klopfte sich den Staub aus den Hosen und blickte sich um. Einige Meter entfernt von ihm war die Kutsche stehengeblieben.

Die Kutsche der gierigen Frau

Ihre Haare zu einem strengen Zopf gebunden hob sie schon an zu sprechen, doch der Junge kam ihr zuvor. Er unterbreitete ihr sein Angebot und zeigte ihr seinen Fund. Martin sah, wie sich die Augen der Frau weiteten. Als sie nach dem Gold greifen wollte, wich der Junge zurück, wiederholte seine Forderung und ließ die strenge Frau am Wegesrand zurück.

Martin lief zurück nach Hause. Dort angekommen, versteckte er das Gold in der Scheune unter einem Strohballen.

Er betrat das Wohnhaus, und als seine Mutter ihn anblickte, lächelte er.

Sie jedoch fuhr ihn wütend an: »Wo hat der Herr seine Schuhe gelassen?«

Anstatt einer Antwort drehte sich Martin um und verließ den Raum. Als er sein Zimmer betrat und nach draußen blickte, sah er dort auf dem Ast des großen Baumes eine Amsel sitzen. Sie bemerkte seinen Blick, erwiderte ihn, spannte die Flügel und verschwand im Schein der untergehenden Sonne.

Am darauffolgenden Morgen wurde Martin schon früh von lauten Geräuschen geweckt. Er lief die Treppe hinab und betrat den Hof, wo eine Schar Gänse ihn mit einem lauten Schnattern begrüßte. Anstatt sie zu begrüßen, wandte er sich der Scheune zu, holte das Gold und übergab es der schon wartenden Bäuerin.

Mit triumphierendem Blick und ohne ein Wort wandte die Frau sich um und verschwand. Zurück blieben nur die Stimmen der vielen Tiere, die wirr auf dem Hof und dem Feld umherrannten.

Schon kam die Mutter aus dem Haus, und mit einem freudigen Schrei begann sie, Ordnung in das Chaos zu bringen. Martin beobachtete sie dabei.

Er war barfuß. Seit jenem Tag war das Leben auf dem Hof wieder wie zuvor. All das Gute blieb beim Alten. Nur Schuhe trug Martin nie wieder.

Was aus den Waldzwergen geworden ist? Es hieß, dass die zwei Freunde aus dem Gold einen Ball hatten herstellen lassen, welchen sie einer Königstochter schenkten. Als Dank dafür erhielten sie eine gemütliche Höhle in einer Linde. Unter dem Baum lag ein kleiner Brunnen und das Paar beobachtete die junge Königin gar oft beim Spielen, und so wurden sie auch Zeuge, als der Ball in jenen Schacht fiel.

Die beiden Zwerge führten eine friedliche Ehe und sahen Martin nie wieder. Wenn sie nicht gestorben sind, was bei Waldzwergen sehr wahrscheinlich ist, dann leben sie noch heute.

Der Holzknecht

Katharina Kraemer

Mitten im Wald fernab des Dorfes lag die kleine Kate, wo der alte Holzknecht wohnen sollte. Man erzählte sich seine Geschichte manchmal an den stillen Winterabenden, wenn sie sich um das Kaminfeuer scharten, damit die vor Kälte klammen Glieder warm werden. Die einen wussten Schauriges zu erzählen, andere meinten, er habe mal jemanden aus großer Gefahr gerettet und sei nicht schrecklich. Manche dichteten was dazu, andere hatten wichtige Details vergessen.

Mit jedem Jahr wurden die Geschichten rätselhafter. In einem waren sich aber alle einig: Hier in diesem Wald sollte er sein Unwesen treiben. Wenn jemand durch den Wald fahren musste, meinten sie, seine Spuren im Schnee auszumachen. Knackte es verräterisch im Dickicht, trieben sie ihre Gespanne ängstlich zur Eile an. Fort hier, raus aus dem dunklen Wald!

Man vermied unnötige Wege aus Angst vor dem alten Knecht und seiner Axt. Zu viele waren in den Wald gegangen und nicht wieder gesehen worden!

Eines Tages kam Friedel auf seiner Wanderschaft vorbei.

»Ich bin Tischler. Gibt es hier einen Meister, dem ich meine Dienste antragen kann?«, fragte er im kleinen Gasthaus.

Der Wirt, ein Hüne von Gestalt mit dichtem dunklen Bart, stellte ihm einen Krug Bier hin. »Da hast du Glück. Der alte Barnard liegt seit Monaten krank darnieder und die Arbeit ist nicht getan. Ein Quartier kann ich dir geben.«

»Das ist sehr freundlich, Wirt.« Friedel nahm einen Schluck aus seinem Krug und wischte sich den Schaum aus dem Schnauzbart, der sein jungenhaftes Gesicht zierte. »Dann gehe ich gleich morgen und bitte um Arbeit.«

»Du wirst hungrig sein. Ich habe noch Fleisch und Brot, wenn du möchtest.« Der Wirt öffnete die Tür nach hinten. »Hermine, laufe und richte ein Zimmer her. Wir haben einen Gast.«

Im nächsten Augenblick erschien die Gerufene. Sie muss früher hübsch gewesen sein, durchfuhr es Friedel. Augen wie kleine Sterne und Haare schwarz wie Pech.

»Wir haben lange keinen Gast mehr beherbergt. Wie lange bleibst du?«

Ehe Friedel antworten konnte, herrschte der Hüne Hermine an: »Frag nicht viel, dummes Weib. Geh und tu, was ich dir sage. Oder soll ich dir Beine machen?«

»Ist schon gut, Mann. Ich wollte …« Sie zuckte zusammen und stürzte die Treppe hinauf.

Friedel fand das ausgesprochen grob, wie der Wirt mit seiner Frau umsprang. Das tat man nicht! Ich werde beim Wirt auf der Hut sein müssen; einer wie der macht kurzen Prozess! Er schluckte seinen Ärger und die letzten Bissen Fleisch hinunter, leerte seinen Krug und schulterte sein Bündel. »Gute Nacht, Wirt, danke fürs Nachtmahl.«

Das Dorf lag unter einer dichten Schneedecke und es schneite aus dicken grauen Wolken. Wenn das mal nicht so weitergeht, dachte Friedel, während er durch den Schnee stapfte. In der Gegend, die seine Heimat war, lag er selten mehr als knöchelhoch. Hier türmten sich die Schneeberge vor den Häusern bis an die Fensterbank und die Menschen eilten durch die engen Gassen, in denen es nach Rauch und Suppe roch. Bald fand er das Haus des Tischlers und klopfte an ein aufwendig gestaltetes Hoftor. Nichts rührte sich, er klopfte noch einmal. »Ich komme«, hörte er es rufen. »Wer ist da?«

Friedel nahm trotz der Kälte und des Schneetreibens seine Kappe ab. In diesem Moment öffnete ein junges Mädchen das Tor.

»Ich bin Friedel, Tischler auf Wanderschaft. Ich habe gehört, ihr sucht einen tüchtigen Gesellen.«

»Ach, bitte, komm herein. Er wird sich freuen, ohne Arbeit fehlt das Geld. Ich bin Marie, seine Tochter. Meine Mutter ist nicht mehr, und jetzt ist der Vater lange krank.«

»Danke, Marie. Wenn ich Arbeit habe, dann ist alles gut.«

Friedel trat in eine Stube, die mit wunderschön gestalteten Schränken sowie einer Bank mit Tisch ausgestattet war.

»Oh, was ist das? Hat das dein Vater gemacht?«

»Mein Bruder und er haben das alles gemacht. Hannes ist vor nicht mal einem Jahr beim Holzfällen umgekommen. Daraufhin starb meine Mutter aus lauter Kummer. Und jetzt liegt mein Vater darnieder. Er verkraftet das alles nicht. Er sagt: Wofür soll ich noch leben?«

»Du bist doch da, Marie.« Friedel war erschüttert ob des Schicksals, das er vernommen. »Für dich müsste er …«

»Du weißt, wie das ist. Ich werde ledig bleiben, bis …« Marie gab sich einen Ruck. »Wenn du hierbleibst, wird mein Vater gesund. Er ist der beste Tischler, das sagen alle.«

»Wer solche Schränke machen kann, ist ein Meister.« Friedel nahm am Tisch Platz und bewunderte die schönen Intarsien und Bögen. »Das habe ich auf meiner Wanderschaft noch nicht gesehen. Und ich war weit, bis Italien. Vielleicht will er mich nicht«, fügte er nachdenklich hinzu.

»Lass mich das mal machen, Friedel. Mein Vater kann nicht nein sagen. Ich geh gleich zu ihm.«

Friedel blieb in der Stube zurück. Das läuft gut, dachte er, die brauchen mich und ich lerne, schöne Sachen zu fertigen. Damit steht mir die Welt offen …

»Hallo, Friedel, du kommst wie gerufen.« Der Meister begrüßte den Gesellen mit festem Händedruck.

»Meister, ich bin auf der Wanderschaft. Und wenn Sie Arbeit für mich haben, dann bin ich zufrieden.«

»Langsam, langsam.« Der Meister setzte sich schwerfällig und schnaufte wie ein Stier. »Die Werkstatt ist lange kalt. Ich kann dir also nicht viel Lohn zahlen, doch es soll nicht dein Schaden sein, wenn du deine Arbeit gut machst.«

»Ist gut, Meister.« Friedel wollte für ihn arbeiten. Der letzte Lohn war noch nicht aufgebraucht, sodass es damit nicht eilte. »Ich kann warten.«

»Dann gehen wir gleich rüber in die Werkstatt und du zeigst mir, was du kannst.« Der Meister erhob sich keuchend. »Wenn meine Frau noch leben würde!«

Friedel folgte ihm in die kleine Werkstatt. »Sie dürfen sich nicht hängen lassen. Um Maries Willen.«

»Ach was! Marie«, wehrte der Alte ab, »die kommt ohne mich zurecht. Ich habe Frau und Sohn verloren.«

»Und Marie Mutter und Bruder«, rutschte es Friedel raus.

»Ist gut, mein Junge. Hast ja recht.« Der Meister sah ihn leise lächelnd an. Und Friedel war versöhnt. Der Alte hatte ein Herz.

»Dann ist es abgemacht, Meister?«, fragte Friedel.

»Du kannst gleich morgen anfangen. Es ist nur kein Holz da. Das holst du aus dem Wald. Marie wird dir den Weg zeigen.«

Es hatte endlich zu schneien aufgehört. Friedel trug einen kleinen Schlitten geschultert und Marie das Werkzeug in einem Rucksack. Sie stapften durch den tiefen Schnee in den Wald hinein.

»Marie. Ich muss dich mal was fragen.«

»Red nur.«

»Im Wirtshaus haben sie vom alten Holzknecht erzählt, der hier sein Unwesen treiben soll. Glaubst du daran?«

»Ach, diese Geschichte!« Marie lachte. »Ich weiß nicht. Ich habe ihn noch nie gesehen. Wer weiß, was da dran ist?«

»Hast du Angst?« Friedel lauschte. Nur ihre Schritte knirschten im Schnee.

»Nein, Friedel. Du bist bei mir«, lächelte Marie, »was soll mir da passieren? Komm, da geht es lang.«

Sie führte Friedel tiefer in den Wald. Gespenstisch ruhig war es um sie. Plötzlich huschte ein Reh aus dem Tann, dann zwei, dann drei. Sie blieben stehen.

»Was sie wohl aufgeschreckt hat?«, flüsterte Marie. »Der Holzknecht?«

»Und wenn schon! Was soll er tun? Uns mit der Axt zerteilen, kochen und aufessen? Das glaubst du doch selbst nicht. Diese Märchen sind tiefster Aberglaube und Ketzerei.«

»Mein Vater sagt …«, versuchte Marie einzuwenden.

»Papperlapapp! So alt wie die Geschichten sind, kann der Knecht nicht mehr leben. Er ist längst tot und ihr macht ein Geschrei, als würde er jeden umbringen, der durch den Wald kommt!«

»Und die, die nicht wiedergekommen sind? Die hat er bestimmt …«

»Red nicht so dumm, Marie. Die sind wie ich auf der Wanderschaft.« Langsam wurde Friedel zornig auf das Geschwätz der Dörfler. Und darauf, dass Marie nicht davon abzubringen war. »Wo ist das Holz, das wir holen sollen?«

»Gleich dahinten, bei den Futterraufen links.«

Marie hatte Angst im Wald, aber Friedel würde sie schon beschützen.

An der Stelle angekommen, suchten sie ein paar gute Hölzer aus und Friedels Axt hieb in manchen Stamm hinein. Sie arbeiteten eine ganze Weile und hatten bald einen schönen Stapel zusammengebunden.

Bei all ihrer Arbeit bemerkten sie nicht, wie die Zeit verging. Es hatte wild zu schneien begonnen.

»Friedel, da kommt ein Sturm auf. Was sollen wir nur machen?«, rief Marie.

»Wir beeilen uns, dann sind wir zu Hause, ehe es richtig losgeht.« Da braut sich was zusammen, dachte er, als er die dunklen Wolken sah, aus denen es ohne Unterlass schneite. »Komm, wir lassen das jetzt. Machen wir, dass wir fortkommen.«

Er schulterte den Riemen und wollte gerade den Schlitten ziehen, als eine tiefe Stimme sie aus dem Tann anrief: »Bleibt lieber hier, Kinder! Das schafft ihr nicht mehr.«

Erschrocken ließ Marie ihren Korb fallen und schrie: »Der Holzknecht! Der Holzknecht!«

Friedel drehte sich um. »He, wer ist da?«

»Ich bin es, der Holzknecht.« Ein riesiger Kerl tauchte hinter der Raufe auf. »Ihr werdet nicht mehr heil nach Hause kommen.«

»Hilfe! Hilfe! Jetzt sind wir verloren, Friedel!«

»He, Holzknecht. Hast du es auf uns abgesehen? Das wird dir noch leid tun.« Er griff seine Axt. Dem würde er es zeigen!

»Lass sie stecken, Friedel. Ich will euch nichts. Es kommt gleich ein echtes Wetter, da seid ihr im Wald verloren.« Der Knecht stapfte auf sie zu.

Friedel hielt die Axt fest in der Hand. »Was willst du, Knecht?«

»Ich will euch beschützen, wie ich es mit vielen von euch getan habe.«

»Beschützen nennst du das, wenn du …!« Marie hatte ihre Sprache wiedergefunden.

»Es waren schon viele hier im Wald unterwegs«, antwortete der Holzknecht ruhig. »Sie wären jämmerlich umgekommen, wenn ich sie nicht gefunden hätte.«

»Und wo sind die dann jetzt?«, fragte Friedel.

»Die haben, wie du einst, einen Stecken in die Hand genommen und ihr Glück woanders gesucht. Glaube mir, ich will euch nichts Böses.« Der Holzknecht reichte Friedel die Hand. »Kommt mit. In meiner Hütte seid ihr sicher. Und eine warme Suppe habe ich auch.«

»Marie, der Knecht ist harmlos. Siehst du? Wir können bei ihm den Sturm abwarten. Und morgen laufen wir zurück.«

»Wenn du nur bei mir bist, dann gehe ich mit, Friedel.« Zu tief hatten sich die Schauergeschichten in Maries Herz eingebrannt, als dass sie schnell Vertrauen fassen konnte.

Wenig später saßen sie am warmen Ofen in der Hütte und aßen die heiße Suppe, die der Holzknecht ihnen reichte. Draußen stürmte es gewaltig. Der Schnee fiel in Massen vom Himmel und Blitz und Donner ließen die Wände wackeln. Sie lauschten den Geschichten des Alten, bis sie auf dem einzigen Bett einschliefen, während der Knecht über ihren Schlaf wachte.

Am nächsten Morgen verabschiedeten sie sich, nicht ohne Dankbarkeit. »Ohne dich wären wir im Sturm umgekommen. Das verges-

sen wir dir nicht. Wir werden den Märchen, die über dich erzählt werden, ein Ende bereiten.« Friedel und Marie schulterten die Riemen. »Danke für alles, Holzknecht.«
»Danke.« Marie errötete. »Ich kannte nur die Geschichten, die Wahrheit blieb im Wald.«
»Nichts für ungut, Marie. Auf Wiedersehen.«
»Bis bald. Wir kommen dich bestimmt besuchen.«
»Geht. Ihr habt noch einen weiten Weg vor euch.« Der Holzknecht sah ihnen nach, wie sie den Waldweg entlanggingen.

Erst spät am Nachmittag erreichten sie das Dorf und im Lauffeuer verbreitete sich die unglaubliche Geschichte, die sie überall erzählen mussten. Mancher wollte es nicht glauben, sah aber in die leibhaftigen Gesichter von Friedel und Marie. Dann musste es den Holzknecht geben – er hatte sie und die anderen vor großer Not bewahrt. Er war kein Ungeheuer oder Menschenschlächter!
Der Winter zog übers Land und wurde nach und nach vom Frühling abgelöst. Friedel war beim Tischler in Lohn und Brot und würde mit Marie im Sommer Hochzeit feiern. Er hatte viel vom alten Meister gelernt, vor allem diese tolle Kunst des Verzierens und der Gestaltung schöner Möbel. Der Alte war noch krank, aber froh, einen Gesellen für seine Werkstatt gefunden zu haben. Noch lieber betrachtete er seine Tochter, die Friedel aufrichtig liebte.
Als es weit im Frühjahr war, meinte Marie eines Tages: »Friedel, was meinst du, sollen wir nicht mal zum Holzknecht laufen? Ihm haben wir unser Glück zu verdanken.«
»Ja, Liebes.« Friedel konnte Marie nur wenig abschlagen. »Am Sonntag, wenn die Arbeit ruht.«
Sie wanderten nach der Messe durch den Wald. Für sich und den Holzknecht hatten sie eine Brotzeit eingepackt.
»Er wird sich freuen, uns zu sehen, denke ich.«
»Das will ich gern glauben. Er hat uns nur Gutes getan.«
Da war die Futterraufe, dort der Holzstapel. Sie folgten dem Weg weiter, aber es kam keine Lichtung, keine Hütte! Was war das? Hier

musste sie sein! Weit und breit war nichts als Wald.

»Ich verstehe das nicht, Friedel.«

»Marie, ich bin auch ratlos.« Friedel stellte den Rucksack ab. »Die Hütte hat hier gestanden. Lass uns Rast machen, Marie.«

Da saßen sie und blickten ratlos in den Wald.

»Es ist wie in den Märchen, die meine Mutter mir abends manchmal erzählte. Und die gingen immer gut aus.«

»Unsere Geschichte, Marie, fängt jetzt erst an. Der Holzknecht – echt oder nicht – hat unser Leben gerettet. Und wir beide ziehen nächsten Monat in unser eigenes Heim mit vielen Kindern und ...«

Weiter kam er nicht. Marie schloss ihren Friedel in die Arme und drückte ihre Lippen auf die seinen.

Kornelius und das Träumerle

Josef Herzog

Hätte man Kornelius gefragt, wie lange er schon Pförtner des Luftschlosses sei, könnte er diese Frage nicht beantworten. Schon seit Urzeiten öffnete er jeden Morgen mit dem ersten Sonnenstrahl das große Tor, damit die Tagträume zu den Menschen fliegen konnten. Und jeden Abend verschloss er es wieder, nachdem der letzte Traum müde und erschöpft zurückgekehrt war.

Oh, im Laufe der Zeit hatte er wirklich alle Arten von Tagträumen kennengelernt. Da waren die großen, schwerfälligen Träume von Reichtum und Macht, die immer als Erste am Tor sein wollten. Sie marschierten in Reih und Glied wie Soldaten mit donnernden Stiefeln über den Hof und würdigten Kornelius keines Blickes.

Meistens folgten ihnen rasch die großen und etwas hochnäsigen Träume von besonders wertvollen Gütern wie teuren Autos, kostbarem Schmuck und ähnlichen Dingen. Obwohl sie bereits so riesig waren, trugen sie zusätzlich noch hoch aufgetürmte Perücken, die sie mit weißem Puderzucker bestreut hatten. Jedes Mal, wenn sie durch das Tor wollten, mussten sie ihre Köpfe senken und hinterließen dabei eine feine, weiße Krümelspur. Sie grüßten Kornelius mit einem leichten Zwinkern, das nicht länger dauerte als der Flügelschlag eines Kolibris.

Besonders unangenehm aber waren ihm die kleinen, bösartigen Träume von Rache und Vergeltung, die wie Kinder aufgeregt über den Hof liefen und sich gar nicht bändigen ließen. In ihren Gürteln trugen sie eiserne Widerhaken, mit denen sie sich fest in den Köpfen der Menschen verankerten. Wenn Kornelius nicht Acht gab und einem aus Versehen den Rücken zukehrte, so machte sich dieser gerne einen Spaß und versuchte, seinen Widerhaken in Kornelius Hinterteil zu versenken.

Hatte er es endlich geschafft, sie aus dem Luftschloss zu jagen, so musste er sich um jene Tagträume kümmern, die ihm insgeheim die liebsten waren.

Das waren die feinen, spinnwebenartigen Träume von Glück und Liebe, die über dem Schlosshof schwebten und sich kaum aus dem Tor hinaustrauten. Ihnen musste er Mut machen. Er lächelte ihnen zu, wenn sie versuchten, sich zwischen irgendwelchen Mauernischen vor ihm zu verstecken.

»Keine Sorge, ihr schafft das schon. Fliegt ruhig zu den Menschen, sie warten schon auf euch. Ich bin in Gedanken bei euch«, flüsterte er ihnen zu, denn sie hatten ein sehr empfindliches Gehör. Und tatsächlich gelang es ihm, sie jeden Tag zu den Menschen zu schicken, wo sie sich wie ein sanfter Hauch in den Köpfen ausbreiteten.

Eines Abends hatte Kornelius gerade das Tor verschlossen und wollte in seine Kammer gehen, als er ein leises Klopfen hörte.

»Wer ist denn das?«, fragte er sich verwundert, denn noch nie war es geschehen, dass ein Tagtraum zu spät zum Luftschloss zurückgekehrt war.

»Hallo?«, rief er laut, doch er erhielt keine Antwort. Auf Zehenspitzen näherte er sich der großen, hölzernen Tür und lauschte. War da nicht ein leises Wimmern auf der anderen Seite zu vernehmen? Das konnte nicht sein, er musste sich bestimmt irren. Erneut lauschte er an der hölzernen Tür, und diesmal war ein deutliches Schniefen zu hören. Rasch zog er den Riegel beiseite und öffnete den Eingang. Vor dem Tor kauerte ein kleiner, spinnwebenartiger Tagtraum und zitterte am ganzen Leib.

»Wer bist du denn? Und warum kommst du erst jetzt zurück?«

Der Tagtraum blickte mit verweinten Augen zu ihm auf und schluchzte: »Ich bin das kleine Träumerle und war heute zum ersten Mal bei einem Menschen.«

»Ah, ich verstehe. Du hattest heute also deinen ersten Arbeitstag. Das war bestimmt alles sehr anstrengend für dich, oder?«

Das Träumerle nickte zaghaft. Kornelius beugte sich hinab und nahm es vorsichtig mit einer Hand empor. Dann verschloss er wieder das Tor und trug es in seine Kammer.

Dort angekommen, setzte Kornelius das Träumerle an seinen Tisch: »Ich mach dir erst einmal einen heißen Tee, damit du dich nicht erkältest. Und dann erzählst du mir, was du auf der Erde alles erlebt hast, einverstanden?«

Als Antwort erhielt Kornelius nur ein lautes Schniefen. Er stellte seinen Wasserkessel auf den alten, gusseisernen Ofen und holte aus dem Kühlschrank zwei große Stücke Butterkuchen.

»Du wirst doch bestimmt Hunger haben«, meinte er gutmütig und setzte sich ebenfalls an den Tisch. Das Träumerle schüttelte traurig den Kopf.

»Willst du mir nicht erzählen, was passiert ist?«

»Ich habe versagt«, brach es heraus, »ich sollte nur einen jungen Mann von einem ganz bestimmten Mädchen träumen lassen. Aber er hat mich gar nicht beachtet.«

»Hmm«, machte Kornelius und legte seine Stirn in tiefe Falten. »Warum hat er dich denn nicht beachtet?«

Das Träumerle schluchzte hemmungslos. »Er wollte mich gar nicht hören und sehen. Da waren doch die anderen Träume in seinem Kopf. Die starken, die immer so laut herumtrampeln und Macht und Reichtum versprechen. Und dann kamen auch noch die großen und ließen ihn nur noch von schnellen Autos und großen Häusern träumen. Als endlich Ruhe war, habe ich wieder versucht, ihm im Traum das Mädchen zu zeigen. Aber sofort stürmten diese fiesen Rachetträume herein und brachten ihn ganz durcheinander. Ich hatte gar keine Chance.«

»Und dann bist du so lange wie möglich bei ihm geblieben, aber es hat nichts geholfen?«

Vier dicke Tränen purzelten auf seinen Tisch, als das Träumerle heftig nickte.

Das Träumerle

»Ich fürchte, du hast den typischen Anfängerfehler begangen«, meinte der Pförtner lächelnd. »Morgen fliegst du wieder zu ihm hin – aber diesmal nimmst du etwas mit, das ich dir jetzt geben werde.«

Kornelius ging zu seinem Schrank und öffnete eine Schublade. Als er sich an den Tisch zurück setzte, hatte er die rechte Hand zur Faust geschlossen. Das Träumerle blickte ihn verwundert an.

»Weißt du, was das ist?«, fragte er und öffnete seine Faust.

»Ich sehe nichts«, antwortete das Träumerle verwirrt.

»Schau doch mal genauer hin.«

»Da ist ja nur eine kleine Nadel in deiner Hand!«

»Genau!«, lachte Kornelius. »Wenn du versuchst, nur in seinem Kopf den Traum von diesem Mädchen entstehen zu lassen, wirst du das nicht schaffen. Dafür ist deine Stimme einfach viel zu leise. Wenn du zu ihm sprichst, musst du gleichzeitig mit der Nadel vorsichtig in sein Herz stechen – dann bemerkt er dich.«

»Aber das tut doch weh!«, rief das Träumerle entsetzt.

»Das stimmt«, gab der Pförtner zu. »Aber es wird ein angenehmer Schmerz für ihn sein. Die Menschen sind so sehr mit ihren anderen Tagträumen beschäftigt, dass sie gar nicht mehr spüren, was ihnen wirklich fehlt. Nur wenn du ihr Herz berührst, können sie dich bemerken. Die Sehnsucht nach Liebe tut halt auch ein wenig weh.«

Das Träumerle dachte lange Zeit nach, dann antwortete es: »Na gut, ich werde es versuchen.«

Befriedigt nickte Kornelius. »Das ist fein. Und nun werde ich dir erst einmal deinen Tee machen. Das Wasser sollte jetzt heiß genug sein.«

Am nächsten Morgen konnte es der Pförtner gar nicht erwarten, das große Tor zu öffnen und die Träume hinauszulassen. Als die feinen Traumgespinste von Liebe und Glück an ihm vorbeischwebten, zwinkerte er dem Träumerle aufmunternd zu und flüsterte: »Keine Angst, du musst nur mutig sein. Damit sich jemand verliebt, braucht man nämlich etwas Mut!«

Es wurde Abend. Fast alle Tagträume waren inzwischen zurückgekehrt, aber das kleine Träumerle war nicht bei ihnen gewesen. Unruhig ging Kornelius hinter seinem Tor auf und ab. Da sah er in der Ferne einen spinnwebenartigen Tagtraum, der in der Luft übermütig Purzelbäume schlug und auf sein Tor zusteuerte. Und auch der Pförtner spürte, wie sein Herz einen kleinen Purzelbaum machte.

Sternenreiter – wie alles begann
Jando

Die Sonne lachte ihm zu, als der kleine Junge seinen Stern bestieg. Eine große Aufgabe wartete auf ihn. Sein Vater hatte ihm von den Menschen erzählt, die auf der Erde lebten. Er sagte, dass sie aufhörten zu träumen und ihre Hoffnung verloren hätten.

Warum? Das wollte er wissen.

Es gibt doch nichts Schöneres, als morgens aufzuwachen und Mama gibt einen Gutenmorgenkuss. Jeden Abend träumte er davon und jeden Tag ging es in Erfüllung.

Eines Abends träumte er, morgens ein Brötchen mit leckerer Schokoladencreme zu essen. Und am nächsten Morgen hatte Papa ein solches geschmiert.

Vor kurzem träumte er, dass die ganze Familie in ein größeres Haus ziehen wollte, wenn sein kleines Schwesterchen da wäre. Zwei Tage vorher waren Mama, Papa und er in ihrem großen Auto zu einem sehr großen Haus gefahren. Da könnten viele Geschwister mit ihm spielen. Während der Fahrt träumte er von Spielkameraden. Als er wach wurde, waren sie auf einem großen Hof angekommen, wo viele wuschelige Hundekinder herumtollten. Einen dieser zotteligen Spielkameraden nahmen sie mit.

Warum hatten die Menschen aufgehört zu träumen? Bei ihm ging doch jeder Traum in Erfüllung!

Nun wollte er zur Erde fliegen und selbst schauen. Voller Vorfreude ritt er auf seinem Stern los. Aber was er sah, war anders. Dort war keine Mama, kein Papa. Es gab keinen Gutenmorgenkuss, kein Brötchen mit Schokoladencreme, kein Schwesterchen. Er sah viele zottelige Spielkameraden. Sie weinten. Er erschrak und es wurde ihm seltsam kalt. Es war ein Gefühl, das er noch nie erlebt hatte.

Plötzlich entdeckte er, zusammengekauert in einer dunklen Ecke, ein kleines Mädchen. Vorsichtig glitt er auf seinem Stern näher heran, um das Kind nicht zu erschrecken. Sein Stern erhellte die kleine Gasse. Überrascht blickte das Mädchen hoch und begann sogleich zu strahlen. Sie rief:

»Da bist du ja! Endlich! Sternenprinz!«

Der Stern landete neben dem Mädchen und hüllte es in glitzernden Sternenstaub. Der Junge sprang herunter, setzte sich zu der Kleinen und erzählte, was er auf seinem Flug gesehen hatte.

Das Mädchen lauschte gebannt. Dann flüsterte es:

»Wir Menschen haben nicht aufgehört zu träumen und nicht unsere Hoffnung verloren. Doch wir vergessen, füreinander zu sorgen und uns umeinander zu kümmern. Ich träume jeden Tag, eine Familie zu bekommen. Eine Mama, die mir meinen Gutenmorgenkuss gibt, einen Papa, der mir was zu essen macht, einen Bruder, mit dem ich spielen kann. Vor allem wünsche ich mir ein warmes Zimmer, wo ich mit meinem Hund kuscheln kann und nicht mehr frieren muss. Jeden Tag träume ich davon und hoffe, dass mein Traum irgendwann in Erfüllung geht. Und nun bist du da, mein Sternenprinz, auf den ich schon so lange gewartet habe. Lass uns gehen. Ich zeige dir die Menschen, ihre Träume und Hoffnung. Du bist der Sternenprinz und wanderst zwischen Himmel und Erde. Du besitzt die Kraft zu verändern, zu heilen, zu lieben!«

Der Junge schluckte bei den Worten des Mädchens. Also deshalb hatte ihm sein Vater davon erzählt. Jetzt verstand er. Das, was er besaß, hatten andere nicht. Er erkannte seine Aufgabe. Die Menschen brauchten ihn. Er würde von nun an einmal im Jahr auf die Erde kommen, um ihnen Hoffnung und Liebe zu schenken. Plötzlich kamen ihm Zweifel: Ist ein Besuch einmal im Jahr nicht zu wenig? Sicher war es besser, öfter Hoffnung und Liebe zu bringen. Dafür aber benötigte er Unterstützung.

»Willst du mitkommen?«, fragte er das Mädchen. »Ich brauche

dich, um den Menschen zu helfen, wieder an ihre Träume zu glauben, damit sie wieder Hoffnung haben.«

Sie schaute ihn an und eine Träne kullerte über ihre Wange.

»Ja, ich kann mir nichts Schöneres vorstellen«, antwortete sie und umarmte den Jungen.

Daraufhin ließ der Stern mehrere kleine Sternchen in den Himmel steigen. Sie fügten sich zu einem großen zusammen.

»Das ist jetzt dein Stern, du, meine liebe Sternenprinzessin«, sagte er zu dem Mädchen. Als beide Kinder auf ihren Sternen saßen, schauten sie sich an und wussten:

Ihre Reise hatte begonnen.

Von jetzt an kommen beide immer wieder zu den Menschen, um Träume zu wecken, Liebe zu schenken und Mut zu machen. Durch ihre gemeinsame Kraft leuchten sie am Abend eines jeden Tages im Jahr. Manchmal sieht man sie kaum, aber in dunklen Zeiten, in denen sie gebraucht werden, leuchten sie heller als sonst. Jeder, der nach oben schaut und dabei seine Seele öffnet, dem leuchten sie direkt ins Herz. So sind sie den Menschen nah. Die Sternenreiter.

Peppinos Meistergeige

Monika Zenker

Peppino war ein alter Geigenbauer in den Bergen. Er lebte in einer Hütte und saß oft in seiner Werkstatt, wo er bis tief in die Nacht seine Schätze fertigte. Wenn die Holzbearbeitung beendet war, zog er Saiten auf, um Töne erzeugen zu können, die mit ihren Schwingungen anklingen ließen, in welcher Stimmung das Instrument war. Auch einer Geige machten die Jahreszeiten zu schaffen. Wenn es ihr zu kalt oder zu warm wurde, mochte sie nicht, dass man sie mit dem Bogen berührte. Dann hörte sie sich an, als habe sie eine Erkältung bekommen. Aber auch das konnte Peppino beheben, indem er sie mit Hilfe einer Stimmgabel erneut zum Klingen brachte. Die Geigen, die Peppino verkaufte, waren ganz normale Instrumente, darauf abgestimmt, Töne von sich zu geben, mit denen man Lieder spielte. Aber es klang nie so, als besäßen sie eine Seele. Ein Traum seiner Kindheit war, eine Geige herzustellen, die einen so schönen Klang hätte, dass jeder sofort hören würde, welch einzigartiges Instrument ihm da gelungen war: eine Meistergeige.

Schon vor Jahren hatte er Material eingekauft, um im passenden Moment welches für ein solches Meisterstück vorrätig zu haben. Nicht irgendwelches, sondern Sorten, die über viele hundert Jahre gelagert worden waren, da nur ein ausgereiftes Holz dafür in Frage kam. Auf der Suche stach ihm ein edles Stück in einem Stapel ins Auge. Es hatte einen leuchtenden Schein um sich herum, als würde Magie es erhellen. Er wusste sofort, dass dieses genau zu seinem Meisterwerk passen würde und nahm es mit nach Hause. Daraus wollte er irgendwann diese ganz besondere Geige bauen.

Peppino hatte eine Enkeltochter namens Leonie. Sie spielte schon, seit sie eine Geige und einen Bogen in ihren kleinen Händchen halten konnte. Im Dorf gab es einen Lehrer, der ihr beibrachte, Noten zu lesen. Eine ganz besondere Sprache, die nicht nur damit zu tun hatte, dass man die Noten von einem Papier ablas, sondern auch damit, das eigene Gefühl in das Stück einzubringen.

Der Musiklehrer war sehr zufrieden mit Leonie und sprach davon, dass sie musikalisches Verständnis habe und mit viel Übung und dem richtigen Instrument eine ganz große Geigenspielerin werden könne.

Das hörte auch der Großvater und er wollte derjenige sein, der ihr die schönste Geige schenken würde.

Als er nun in seiner Kammer nach dem passenden Holz suchte, kam ihm ein Licht entgegen: Ein Stück leuchtete. Seine Aura strahlte und stach aus dem Stapel hervor, als wüsste es, dass jetzt der Moment gekommen war, um sich bemerkbar zu machen. Peppino strich über das Holz und erinnerte sich sofort wieder an den Kauf.

Wochen vergingen, in denen er kaum aus seiner Werkstatt kam, und als die Geige den letzten Schliff bekommen hatte, da wäre er fast verzweifelt. Das Leuchten war erloschen und die Geige ließ sich nicht stimmen. Sie war so schön, gab aber nur schiefe Töne von sich, so dass man niemals ein richtiges Lied auf ihr hätte spielen können. Es war, als würde die Geige sich mit aller Macht dagegen sträuben und die Töne selbst wieder verändern.

Peppino wollte schon aufgeben und sie als misslungen in den Kübel mit den Abfällen werfen, als ihn Leonie eines Nachmittags besuchte.

»Großvater, die ist aber schön!«, stand sie mit groß aufgerissenen Augen vor der Geige, die er beiseitegelegt hatte.

»Nein, Leonie, die kann man nicht spielen.«

»Aber sie leuchtet so toll.«

Da rieb Peppino sich die Augen, denn er sah das Leuchten des Holzes nicht mehr.

»Du kannst sie leuchten sehen?«

»Ja, wunderschön, als wäre sie von Sonnenstrahlen umgeben.«

Der Großvater gab ihr die Geige und Leonie stimmte sie und begann danach, ein Lied zu spielen. Dabei traten dem Großvater vor Freude die Tränen in die Augen, denn er wusste sofort: Das war seine Meistergeige.

Es dauerte nicht lange, da war es in aller Munde. In der Umgebung erzählte man sich von dem Mädchen, das Peppinos Geige spielte und dieses Instrument wie keine andere beherrschte. Viele wollten sich selbst davon überzeugen und kamen, um sie zu hören. Gerührt gingen die Menschen anschließend nach Hause und erzählten begeistert, dass sie noch nie ein Stück gehört hätten, das sie so tief im Herzen erreicht habe.

Als aber eines Tages die Geige verschwand, da man sie Leonie stahl, war es auch mit dem Erfolg vorbei. Leonie konnte sich noch so anstrengen und ihr Bestes geben, es reichte nicht mehr, um die Leute zu begeistern. Sie kamen nicht mehr in Scharen, um sie zu hören, da sie nun wie jeder andere Musiker spielte. Auch dem Großvater tat es sehr leid, so dass er versuchte, eine neue Geige für sie zu bauen. Aber all den Geigen, die er baute, fehlte etwas Besonderes: die Seele.

Es vergingen viele Jahre. Leonie unterrichtete Kinder und brachte ihnen bei, wie man die Noten eines Liedes las. Ihren eigenen Kindern zeigte sie, wie man diese auf ein Instrument übertrug und die Töne erklingen ließ. Sie erzählte ihnen auch die Geschichte vom Großvater und seiner Meistergeige und dass sie niemals wieder ein so schönes Instrument gespielt habe.

Linus, Leonies Sohn, konnte es erst gar nicht glauben, als er eines Tages vor dem Trödelladen stand und eine Geige im Schaufenster leuchten sah. Das musste sie sein: Mamas Meistergeige. Er spürte ein sehr großes Verlangen, diese Geige zu spielen, genau wie schon Jahre zuvor seine Mutter.

Sofort lief er nach Hause und erzählte es ihr. Sie war so überrascht, dass ihr Herz vor Freude zu klopfen begann, denn es wäre ein Wunder, würde die Geige nach so langer Zeit wieder den Weg in ihre Familie finden.

So ging sie mit Linus zu dem Trödelladen und schaute sich das

Instrument an. Es sah aus wie ihre Geige und der Großvater hatte sie auch angefertigt, was man an den Initialen, die auf der Bodenplatte eingraviert waren, erkennen konnte. Aber sie leuchtete nicht.

»Linus, das ist sie nicht!«

»Doch Mama, ich sehe sie doch leuchten. Sie ist so schön.«

Leonie glaubte zwar nicht, dass ihr Sohn dieses Leuchten, das sie als Kind gesehen hatte, auch sehen würde, aber da der Preis sehr gering war, kaufte sie ihrem Sohn die Geige.

Zu Hause versuchte sie, das Instrument zu stimmen. Aber immer, wenn sie glaubte, die richtigen Töne gefunden zu haben, hörte sich die Geige an, als habe sie eine Erkältung.

Sie gab auf und versuchte ihrem Sohn zu erklären, dass er mit dieser Geige wohl niemals spielen könne.

Aber Linus wollte das nicht glauben, denn das Strahlen der Geige war so schön und sie zog ihn komplett in ihren Bann. Er nahm sie, stimmte sie und fing an zu spielen.

Leonie hatte Tränen in den Augen, als sie der Melodie lauschte, genau wie vor Jahren ihr Großvater. Sie verstand jetzt, dass ihre Zeit mit der Geige vorüber war und nun ihr Sohn das Andenken an den Großvater fortführen durfte.

Auch Linus verzauberte die Menschen, und so wurde die Geige von Generation zu Generation weitergegeben und nur, wer als Kind mit dem ganzen Herzen bei der Musik war, der wurde dazu auserwählt, in diesem Instrument die Seele erklingen zu lassen.

Geheimnis im Klecksethaus

Evelyn Goßmann

Josh, ein kleiner nimmermüder Wirbelwind, genoss es immer, wenn er das Malerhaus am Stadtrand besuchen konnte. In dem Atelier des schlossähnlichen Künstlerhauses gab es immer wieder tolle Dinge zu entdecken, und der Maler mir seinem schon recht alten, recht zerbeulten roten Käppi war selbst ein großes Kind geblieben und ein großer Kinderfreund.

Josh kam heute mit einem Nachbarsjungen, der erst kürzlich aus einem fernen Land hergezogen war und kaum die Sprache verstand. Abu, so hieß der neue Freund, war gespannt auf den Künstler, der ihn wie alle Kinder mit offenen Armen aufnahm, ermutigte, zu Farben und Pinsel zu greifen und zu malen, was er nicht sagen konnte.

Anfängliche Scheu war rasch verflogen, denn Charly, der Maler, dessen wirr abstehende weiße Haare unter dem roten Käppi auf dem Kopf hervorquollen , ähnelte einem gutmütigen, fröhlichen Troll aus einem Märchenbuch. Mit wenigen Strichen zauberte er Kunstwerke in herrlichen Farben, dass es fast wie Zauberei erschien. Staunend verfolgte er die raschen Pinselstriche und versuchte mit Josh, ihm nachzueifern. Seither besuchten beide ihn gern und sahen begeistert dabei zu, wie mit wenigen Pinselstrichen herrliche Gemälde entstanden. Oft schmunzelte der alte Mann, ermutigte, lobte und half beiden, mit wenigen Handgriffen kleine Farbwelten zu erschaffen. Er freute sich, wenn die Kinder ihrer Fantasie unbeschwert freien Lauf ließen , hatte Spaß an der Unbefangenheit ihrer unbekümmert frischen Malerei, die ihn freute und gleichzeitig eine Quelle für eigene Inspirationen war. „Klecksel" nannten ihn die Kinder; er war lustig und verstand sie gut.

Genau gesagt war es eher ein altes Schloss, in dem der Maler wohnte, mit romantischen, etwas verwunschen wirkenden Türmchen. Kinder fühlten sich immer gleich in Märchen hineinversetzt, in der ihre Phantasie schnell Purzelbäume schlug.

In diesem Atelier schlugen nicht nur Kinderherzen höher, es war eine wahre Fundgrube für jeden, dessen Herz für Kunst und Kitsch schlug. Ein Haus für alle, die im Herzen Kind geblieben waren.

Wenn Josh, Abu und seine Freunde den Maler im Sommer besuchten, durften sie im Schlossgarten und auf der riesigen Wiese toben, klettern und nach Herzenslust spielen. Ein Baumhaus mit Räuberleitern fehlte auch nicht, denn Charly Klecksel war selbst ein großes Kind geblieben. Er hatte seine Freude an den fröhlich lärmenden Kindern, die unbeschwert durch seinen Garten tollten.

Sein Atelier jedoch war so etwas wie eine kunterbunte Schatzkammer voller Geheimnisse, vollgestopft mit allerlei großen und kleinen Schätzen, die er im Laufe der Jahre gesammelt hatte. So richtig was für Kinderherzen, die ihm alle gleich entgegenflogen.

Es gab so gut wie nichts, was man bei ihm nicht finden konnte, und so war das Atelier für die Kinder ein richtiges Wunderland. Jeder war begeistert, und es ließ auch in nörgelnden, griesgrämigen Erwachsenen Kinderträume neu erwachen.

Zu jedem gesammelten Teil wusste Charly spannende Geschichten zu erzählen. Manchmal waren sie auch durchzogen von etwas Seemannsgarn, aber die leuchtenden Kinderaugen, die wie gebannt an seinen Lippen hingen, ließen immer neue Ideen zu geheimnisvollen und abenteuerlichen Geschichten entstehen. Sie entschädigten ihn dafür, dass er keine eigene Familie und Kinder hatte. Die Kunst war sein Leben! Daher genoss er heute die Besuche von Kindern und Kunstkennern gleichermaßen.

Das Klecksehaus wurde für Josh und Abu ein beliebter Treffpunkt. Die Eltern der Rasselbande konnten sicher sein, dass sie beim Maler an einem sicheren, zugleich spannenden und unterhaltsamen Ort waren.

In dem so geschichtsträchtigen Haus lockte es die Kinder oft auch, zwischen all den Raritäten Verstecken zu spielen, und manchmal fand „Klecksel" dann eines auf der Treppe unter dem Dach mit einer alten Kiste im Arm, in der wundersame alte Ansichtskarten mit geheimnisvollen Zeichen lagen. Bei dem Versuch, sie zu entziffern, war es dann eingeschlafen und hatte in der Hängematte schaukelnd träumend nach der Lösung des offensichtlich dort verborgenen Rätsels gesucht. Der gutmütige Charly kannte die Lieblingsplätze seiner kleinen Freunde und ihre Vorlieben. Er wusste, wo er suchen musste, falls einer der kleinen Entdecker und Abenteurer fehlte, wenn er bei einer Limo und Keksen Geschichten erzählen wollte.

Sicher war ein Kind mal wieder auf der Spur eines Geheimnisses, das es lüften und erst mal allein erkunden und lösen wollte, ehe es die anderen einbezog.

Abu war inzwischen fast täglich zu Gast. Die einfache Verständigung klappte immer besser; was er nicht aussprechen konnte, wurde lachend mit Zeichensprache oder Farbe ausgedrückt. Eines Tages bat Charly ihn, etwas Material vom Dachboden zu holen und beschrieb ihm, wo er es finden könnte. „Daumen hoch" signalisierte Abu und düste los ... er hatte verstanden.

Rasch kehrte er mit dem Gewünschten zurück, verschwand aber gleich wieder, erklärte Charly, wohin er ginge, was dieser mit einem Kopfnicken bestätigte.

Immer häufiger geschah es, dass der zarte Junge mit den rabenschwarzen Haaren sich auf den Dachboden verzog. Es hatte eine Weile gedauert, ehe er Josh erzählte, was er dort gefunden hatte. Inzwischen konnte er sich gut verständlich ausdrücken und weihte ihn in sein Geheimnis ein.

»Habe Schatz gefunden«, stammelte er aufgeregt. Ungläubig schüttelte Josh sein kluges Köpfchen und lachte.

»Einen Schatz«, fragte er, »wie kommst du darauf, auf dem Dachboden ist nur altes Gerümpel.«

Doch Abu beharrte darauf ...

»Zauberbuch«, kam es zögerlich, denn er glaubte, dass er nun ausgelacht würde. Er bat den Freund, ihm zu folgen, um gemeinsam das Buch zu öffnen. Mit einem gutmütig zustimmenden »Ok« von Josh, stapften beide hintereinander die schmalen Stiegen hoch bis unter den Giebel in einen recht chaotischen, vollgestopften versteckten Teil des Eckürmchens.

Kartons, Leinwände, alte Mappen mit unzähligen Skizzen, kleine Skulpturen, Pappe, alte Möbel, Lampen und Schränkchen räumte Abu beiseite, ehe er dem ungeduldig werdenden Freund seinen Schatz unter die Nase halten konnte.

»Was, das soll ein Schatz sein?« Josh klang enttäuscht, als er mit abschätzendem Blick recht misstrauisch das zerfledderte, fast in Staub zerfallene Buch geringschätzig betrachtete und wandte sich um.

»Bleiben bitte, schau doch ...«, flehte Abu.

»Na gut, weil du es bist«, lenkte der Freund ein, »dann zeig mal, was es kann oder warum es besonders ist.«

Abus Augen begannen zu strahlen, erlegte den Zeigefinger auf die Lippen und winkte ihm zu folgen. Beide begaben sich in die hinterste Ecke am Turm, um vor überraschendem Besuch von Charly geschützt und ungestört zu sein. Das Geheimnis wollten sie erst mal für sich behalten. Auf einer alten Decke machten sie es sich gemütlich, eine abgegriffene Taschenlampe spendete mildes Licht, und es war mucksmäuschenstill als Abu behutsam das alte Buch öffnete und wie gebannt auf das schaute, was gerade geschah. Nur ganz tiefes Atmen war zu vernehmen. Sekunden vergingen, ehe Josh zu flüstern wagte.

»Oje, das ist ja wirklich ein Wunderbuch, das gibt es doch gar nicht.« Ein langgezogenes »Pssssst« gebot ihm zu schweigen.

Was war geschehen? Beim Öffnen des Buches war ein großes Tor zu sehen, das sich langsam öffnete und in ein Geflimmer aus Sternenstaub getaucht war. Die Kinder folgten dem Sternenweg wie magisch angezogen in eine andere Welt. Eine schimmernde Straße, seltsam unbekannte Wesen und Pflanzen erwuchsen aus jedem glitzernden Teilchen. Gebannt und stumm vor Staunen folgten die Freunde wie verzaubert. Sie waren zu Figuren in einem Märchen geworden, das gerade zu leben begann. Keines von beiden wagte zu sprechen aus Furcht, dass dann der Zauber gebrochen werden könnte, von dem sie gerade ein Teil zu werden schienen.

Ehe dem zuerst ungläubigen Freund unverhofft ein gehauchtes »Irre« entschlüpfen konnte, formte sich ein Teilchen aus einer rosafarbenen kleinen Wolke zu einer zarten, feinen Elfe, die mit feinem, hellem Stimmchen zu sprechen begann.

Die Freunde rieben sich ungläubig die Augen. Träumten sie, oder waren sie wirklich in ein Zauberbuch geraten, in dem alles lebendig wurde?

Wie gebannt lauschten sie dem Wesen, das sogleich noch einen lustigen Kobold hinter ihrem feinen Glitzerkleidchen hervorzauberte.

Die beiden standen stumm wie aus Modelliermasse geformte Figuren. Aus dem Bann konnten sie sich nicht lösen; sie waren eins mit der Geschichte, dem Buch und ihrem Verlauf. Langsam schienen sie zu begreifen, dass sie mitbestimmen konnten, wie die Geschichte enden würde.

»Krass, irre, kneif mich doch mal, das kann doch nur ein Traum sein.«

»Hey, autsch, neee, scheinbar nicht, es hat weh getan«, tönte es nun irritiert aus rauen Jungenkehlen, die vor lauter Ehrfurcht etwas heiser klangen.

Sie blickten auf die kleine Elfe mit goldblonden Löckchen, das pastellfarbene Kleidchen, die fein bebenden Flügelchen und den Kobold an, der sie aus unnatürlich türkisfarbenen Augen schelmisch und verschmitzt anblinzelte und den Kopf immer voller Flausen zu haben schien.

»Majali heiße ich und das hier ist Flo«, erklärte das fabelhafte Wesen mit glockenheller Stimme.

Den verdutzten Jungen erklärte sie: »Ihr habt das alte Buch geöffnet, seid sorgsam mit den kostbaren Seiten umgegangen und dem Weg gefolgt, den nur die Kinder gehen können, die an das Buch der Träume und ihre Märchen glauben. So seid ihr beiden auch auserwählt, den Zauber zu lösen, kleine Wunder zu bewirken, etwas in der Welt zum Guten zu verändern.«

»Zaubern können wir aber nicht«, warf Josh vorsichtig ein. Dem sonst immer fröhlichen Plappermaul war komisch zumute, aber er wollte auch nicht, dass der Spuk aufhörte, der hier gerade geschah. Es war zu außergewöhnlich und verlockend, das meinte auch Abu, der nur stumm nickte.

»Sind wir nun echte Zauberfiguren, weil wir das Buch aufgeschlagen haben?«, wisperten sie. Majali und Flo aber standen da leibhaftig wie sonst ihre Freunde. Beide wiesen sie an, ihnen zu folgen und erklärten, dass sie zwei knifflige Aufgaben zu lösen hätten. Ob es am Ende wahr werden könnte, würde an ihnen liegen.

Beklommen, aber auch neugierig versprachen sie zu tun, was sie könnten und lauschten aufmerksam dem, was die beiden erklärten.

Sie sollten in unbekanntem Gelände nach einer Mondblume suchen. Sollte das gelingen, würde es weitere Wege, Brücken und Hindernisse geben, die gemeistert werden müssten, um schließlich die fast ausgestorbene Blume Herzfeuer zu finden.

»Wie soll das gehen, die kennen wir nicht«, die Gesichter der beiden waren bei der Verkündung der Aufgabe immer blasser und länger geworden.

»Doch, doch, ihr seid dazu auserwählt, ihr werdet sie erkennen und auch finden«, versicherte Majali. »Floh wird euch ein wenig zur Seite stehen, er ist immer in eurer Nähe und wird euch auch wohlbehalten wieder zu mir zurückbringen.«

»Gut, du solltest es wissen, wenn du meinst, wollen wir es versuchen«, tönte es nun zuversichtlich von Josh und Abu, und mutig stellten sie sich der Aufgabe. Flo, der lustige Kobold, wisperte mit seiner Piepsstimme immer dazwischen und wiederholte die zuletzt gesprochenen Worte wie ein Papagei, als würde man sie sonst vergessen. Nun hüpfte er auf einem Bein in der Runde, und seine Zipfelmütze wippte dazu mit den roten Strubbelhaaren um die Wette. Komisch sah es aus, sein kleiner Kugelbauch unter dem grünen Jäckchen über den spindeldürren senfgelben Strumpfhosenbeinchen in viel zu großen Zipfelschuhen. Das zarte Elflein Majali vollführte einen zauberhaften Feentanz. Diese krassen Gegensätze und ungewöhnliche Musik verschmolzen plötzlich zu einem Zauberwerk, das den Freunden Mut und Zuversicht verlieh.

»Habt ihr die Aufgaben gelöst, bringt Flo euch zurück, ich warte auf euch. Ihr kehrt zurück in eure Welt, und das Buch der Träume wird kein besonderes Buch, sondern wieder ein fast zu Staub zerfallenes, altes Gebinde brüchiger Papierseiten sein. Doch es bleibt ein Schatz, mit dem ihr Großes bewirkt haben werdet, geht nun.«

Mit leisem melodischen Summen entschwand die kleine Fee in einer weichen pastellfarbenen Wolke, begleitet von einem blinkenden Schleier aus gold- und silberfarbenen Stäubchen.

Das ungleiche Trio dagegen stapfte durch die seltsamen Wälder und Wiesen mit unbekannten Tieren und phantasievollen Pflanzen. Manche schienen etwas feindselig und angriffslustig, doch die Jungen gingen mutig voran. Sie suchten, aber fanden nichts, wurden müde, manchmal mutlos, doch dank des lustigen Begleiters bekamen sie auch immer wieder neuen Schwung. Hin und wieder reichten ihnen fabelhafte Wesen erfrischende Früchte oder unbekannte köstliche Törtchen, ebneten freundlich manche Wege, die dicht zugewachsen waren wie die Hecke bei Dornröschen. Flo ermunterte sie immer, er sang und machte verrückte Tänze, damit sie bei Laune blieben, um die nicht einfachen Aufgaben mutig anzugehen, ohne sich beirren oder einschüchtern zu lassen.

Sie überquerten reißende Bäche, ruhten im Moos, an Baumstämmen, labten sich an köstlichen Beeren, süßen Früchten und knüpften Freundschaften mit zauberhaften Wesen, die gerne halfen, solange man ihnen freundlich begegnete. Plötzlich, nachdem sie sich lange durch düstere Nebelwände, bizarre Landschaften gekämpft hatten und erschöpft fast aufgeben wollten, rief Abu: »Sieh mal, hier ist eine komische Pflanze, ihre Form wie dreifache Fächer, ineinandergeschachtelt, dunkel mit samtig schimmernden Blättern wie das Himmelszelt in Vollmondnächten. In der inneren Mitte glänzt etwas, strahlt wie Sternenlicht.«

»Lass mal sehen«, sagte Josh, der fast nicht mehr daran glaubte, etwas zu finden. Tatsächlich, der Freund hatte recht, das schien keine normale Pflanze zu sein, sie war unscheinbar und wunderbar zugleich. Keiner der beiden hatte auf Flo geachtet, der wie verrückt umhertanzte und immer wieder krächzte: »Ich habe gewusst, sie schaffen es, sie haben es, das Rätsel Nummer eins ist gelöst, die Mondblume gefunden, ich wusste es.«

Die Jungs horchten auf. Hatten sie richtig verstanden, das sollte die Mondblume sein? Ungläubig, fast andächtig versuchten sie, die Blüte aus dem umgebenden schützenden Gestrüpp zu lösen, ohne sie zu beschädigen, und tatsächlich, als sie diese in ihren kleinen zitternden Händen hielten, öffneten sich die Blütenblätter, und die Mondblume erstrahlte in voller Schönheit mit einem leuchtend goldenen Stern in der Mitte. Geblendet von der seltenen Schönheit, stumm, etwas ehrfürchtig und stolz zugleich ob der Kostbarkeit übergaben sie die ihnen bis dahin unbekannte Pflanze an Flo. Er strahlte über das ganze drollige Gesicht, und verstaute den wichtigen Fund in seinem kleinen Rucksack.

»Auf, Jungs, nun schaffen wir auch den Rest«, grinsend ermunterte er die kleinen Helden.

Tatsächlich fühlten sie sich nun stark, fast unbesiegbar und merkten beim Weitergehen kaum, welche Schwierigkeiten noch auf dem Weg warteten. Hat man sich angestrengt, einen Sieg errungen, wachsen oft auch unbemerkt neue Kräfte, die einiges ermöglichen, was man nicht für möglich gehalten hätte.

Nur kurz rasteten sie in einem wundersamen Garten, erreichten nach unwegsamem Gelände einen munter springenden, frisch sprudelnden Bach, labten sich an dem kühlen Nass, trafen wiederholt auf freundlich winkende Gestalten.

Auf der Suche nach der Mondblume

Sie wanderten schier endlos lang und gelangten schließlich an ein Blütentor, das sich langsam öffnete. Sie durchschritten die Farben des Regenbogens, Elfen tanzten auf einer Blumenwiese, farbenprächtige Phantasievögel zwitscherten muntere Liedchen, kleine Mooshütten wuchsen am Fuße knorriger Baumstämme, im weit verzweigten Geäst hingen kleine Bettchen für Feen und Elfenkinder. In den Blumenschaukeln konnten sie sich sanft wiegen oder mit Träumen gen Himmel fliegen. Welch ein Zauberland, alles war so hell, freundlich und friedlich.

Ganz sicher war das der richtige Weg. Die kleinen Kämpferherzen der Jungen tankten neu auf durch all das Schöne, das sie hier erblicken durften. Alles wirkte liebevoll, freundlich, harmonisch. Es gab keine bösen Worte, keinen Streit, nur Licht, das alles noch schöner färbte. Mit beschwingten Schritten voller Vorfreude und Leichtigkeit suchten Josh und Abu nun das letzte Ziel ihrer Aufgabe zu erreichen.

Wieder gab es unterwegs Hindernisse, Gräben und glitschige Stege, die ihnen nicht geheuer waren, doch mit etwas Unterstützung manch hilfsbereiten Wesens überwanden sie Ängste und Zweifel. Sie merkten, wie hilfreich Freundlichkeit und Miteinander sein konnten und dass man gemeinsam unerreichbar scheinende Ziele erreichen kann.

Schließlich gelangten sie wieder in ein Gebiet, das etwas trostlos und vernachlässigt wirkte, kahl und karg, vertrocknet, öde. Ein krasser Gegensatz zu den saftigen Wiesen und leuchtenden Blütenfeldern vorher.

Doch es lohnt sich auch dann hinzusehen, denn oft blühen kostbare Dinge sehr verborgen. Man muss sich nur bemühen, und mit etwas Glück blüht auch dort versteckt etwas Besonderes, das entdeckt werden will.

Inzwischen reagierten die beiden Jungen sehr sensibel auf alles, was ihnen begegnete. So gelangten sie nach endlos scheinender Suche wieder auf helle Wege an blühenden Gärten vorbei, als sie ein hilfloses Kätzchen auf einem Baum entdeckten, das kläglich miaute und sich nicht traute, wieder hinabzuklettern.

»Warte, ich komme, hab keine Angst«, hörte Josh sich sagen, obwohl er eigentlich nicht so gerne auf riesige Bäume kletterte und deshalb öfter gehänselt worden war. Heute ging es rasch, bald war er oben, nahm das Kätzchen auf den Arm und streichelte es tröstend.

Als er sich anschickte, wieder herabzusteigen, betrachtete er das trockene Gewächs genauer, an dem das Tierchen sich in seiner Angst festgekrallt hatte.

‚Wieder so ein komisches Ding', dachte er, ‚fast vertrocknet und mit eigenartig geformten Blättern.'

Er betrachtete es genauer und steckte schließlich das ‚Gestrüpp', wie er es nannte, in seine Jackentasche.

Als er mitsamt dem Kätzchen wieder festen Boden unter den Füßen hatte, holte er den vertrockneten Fund hervor und zeigte ihn Abu.

»Ach, schau mal«, meinte der, »das hat auch so eigenartige Blätter, ist total dürr und ausgetrocknet.«

»Trotzdem, man sollte es immer versuchen«, war die überraschende Antwort von Josh. Sie gingen zum nahe gelegenen Bach und tauchten die unansehnliche Pflanze ins fließende Wasser.

»Aaaah«, langgezogen und verwundert kam der Laut aus zwei Kehlen, und der kleine Kobold staunte nicht schlecht, als er beobachtete, wie mit jedem fließenden Wassertröpfchen neue Energie in das Pflänzchen zurückzukehren schien. Dem »Aaaah« folgte ungläubiges Schweigen, ehe alle drei in lauten Jubel ausbrachen. Flo tanzte wieder, und auch die beiden Jungen fielen sich in die Arme.

»Ein Wunder, ein Wunder«, säuselte der Kobold, »wir haben es wirklich geschafft«, freuten sich die Kinder.

Es erschien wahrlich wie ein Wunder. Vor ihren Augen erblühte eine ganz wunderschöne, zauberhafte Blume in unvorstellbaren Rottönen, jede einzelne Facette blinkte und leuchtete anders, verbreitete Lebensfreude und Lachen. Der Rückweg verging wie im Flug, und wie versprochen wartete am Ende Majali, lobte und beglückwünschte sie zum Erfolg und begleitete sie weiter zum Beginn der Geschichte; ihre Wege würde sich nun gleich wieder trennen.

Die Elfe und Flo waren Josh und Abu ans Herz gewachsen, doch die Aufgaben waren erfolgreich gelöst, darauf konnten sie stolz sein. Die Erklärung aber bekamen sie noch, bevor sich das Buch der Träume endgültig hinter ihnen schloss.

Die Mondblume war wieder voll erblüht, sanft und magisch würde sie die Welt und ihre Menschen vor allem Bösen schützen wie das samtene Dach des Himmels, an dem die Sterne blinken und blitzen, um Licht zu schenken, wie sich auch die Menschen gegenseitig Liebe, Frieden, Freundschaft und Licht schenken können.
Die zauberhaft leuchtende Blume Herzfeuer wird die Menschen wieder näher zueinander bringen, damit sie freundlicher miteinander umgehen, sich gegenseitig unterstützen, Fremde wie Freunde willkommen heißen, freundschaftlich miteinander umgehen und gemeinsam für Ziele kämpfen. Nicht alle kann man erreichen, doch jeder Versuch lohnt. Auch dem Schwächsten wachsen neue Kräfte wenn man zusammenhält, gemeinsam kämpft, ob bei Krankheit, Armut, Sorgen, Nöten. Gemeinsam etwas bewegen, füreinander da sein macht alle stärker. Die beiden Freunde hatten Enormes vollbracht, richtig kleine Wunder, gemeinsam und miteinander alle Hindernisse überwunden, unglaubliche Ziele erreicht.

Schnell wollten sie nun davon Charly erzählen der sie schon besorgt gesucht hatte. Er würde es verstehen, schmunzeln, zustimmend mit dem Kopf nicken. Er war ein kluger Mann.
Pflegt man die Liebesblüte, leuchtet das Feuerherz, macht es die Welt und ihre Menschen liebevoller, hell friedlicher und freundlicher. Gemeinsam kann man alles schaffen, wenn man daran glaubt und zusammen hält. Das hatten Josh und Abu erfahren und waren
seither immer füreinander da, machten manches Unmögliche möglich, wurden Freunde fürs Leben.
Charly Klecksel, der Maler, teilte ihr Geheimnis, doch das zauberhafte Buch der Träume war seither verschwunden – als habe es das nie gegeben.

Märchen aus Avalon:
Die kleine Geschichte vom Drachentrunk

Veleda Alantia

In einem Ort im Anderswo lebte einst ein junger Mann mit seinem Vater in einem Dorf, das umgeben war von Hügeln, tiefen Tälern und Wäldern. In diesem Dorf wohnte der Vater mit seinem Jungen etwas abseits von den anderen Dorfbewohnern. Es hieß, dass der Vater wunderlich sei, denn er sprach zu seinen Pflanzen, zu den Steinen und den Tieren. Und Pflanzen wuchsen bei ihm im Garten kräftiger, dadurch dass er mit ihnen sprach; das machte es noch wunderlicher. Der junge Mann liebte seinen Vater sehr und verstand, da er damit aufgewachsen war, nicht, was die anderen hatten, wenn sie sich wieder über seinen Vater lustig machten.

Es geschah in einem kalten Winter, so kalt, dass Tropfen an Häusern zu Eiszapfen gefroren, dass der Vater krank wurde. Der junge Mann tat alles, um ihm zu helfen. Er wusch, backte das Brot, redete sogar mit den Pflanzen, versorgte die Tiere. Doch seinem Vater ging es immer schlechter, je kälter der Winter wurde, und als sogar des Vaters Pflanzen am Höhepunkt des Winters eingingen, brodelte seine Sorge zur Gänze hoch. Der junge Mann ging zu einer weisen Frau. Sie kannte den Jungen gut, hatte sie das Kind einst auf die Welt geholt.

»Was möchtest du, mein Junge?«

Der junge Mann sah sie fest an. »Meinem Vater geht es schlecht, je weiter der Winter vorrückt.«

»Sterben gehört zum Leben dazu«, sagte das alte Weib kichernd.

»Möglich, doch jetzt noch nicht«, erwiderte der Junge mit verzweifeltem Stolz.

Die Alte sah ihn lange an, entzündete sich eine Pfeife mit süßem Gras.

»Gut, ich werde dir helfen. Wenn du es schaffst, in einer tiefen Mutterhöhle, aus deren Bauch alle Höhlen in unserer Gegend entstehen, einen Drachen zu finden und von ihm den Drachentrunk zu bekommen ..., dann ... und nur dann ... mag dein Vater vielleicht gerettet werden«, sprach sie paffend und musterte ihn mit blitzenden Augen.

Der junge Mann wollte mit großmütigem Herzen losstürmen, doch die Alte hielt ihn zurück.

»Hilf mir zuerst etwas, Jüngchen. Hol aus der Grube Lehm. Forme eine Figur daraus und back sie einen Sonnen- und einen Mondlauf im Ofen hinterm Haus.«

»Was soll das bringen?«, erwiderte der Junge.

»Sie wird dir helfen, den Weg zum Drachenhort zu finden«, entgegnete die Alte nur.

Zweifelnd ging er zur Grube, hob den Lehm heraus, vermischte ihn, bis er weich war, mit Wasser vom Fluss, formte eine Puppe daraus und begann, den Ofen anzuheizen, der klein und kugelig hinterm Haus wartete und nach gebackenem Brot roch. Die alte Hebamme aß mit ihm draußen im Kräuter- und Gemüsegarten, und der Duft von Salbei, Lavendel und Rosmarin lag noch in der Luft.

Die Alte sprach nicht, doch musterte sie den jungen Mann prüfend. Zum Sonnenaufgang war die Puppe fertig gebrannt. Die alte Hebamme holte die Figur heraus und wies den Jungen an, sie anzumalen.

»Gib ihr Gestalt und deinen Wunsch«, sprach sie mit gackerndem Ton.

Der Junge tat dies. Er malte Spiralen in den Ton, in Grün und Blau, da sie ihn an saftige grüne Wiesen und blühende Bäume unter dem Himmel erinnerten. Rote Streifen standen für das wärmende Feuer, die Sonne, gesundes Blut. So verging eine Zeit und die Figur war bunt bemalt. Als sie trocken war, kam die alte Hebamme und zertrat die Figur, dass der Ton scheppernd krachte und in viele Stücke zersprang.

»Warum hast du das getan?«, rief er aus; böse sah er die Hebamme an.

Sie lachte wieder, doch ihr Blick war ernst.

»Ich habe dir deine Angst zerstört. Denn wenn du den Drachen finden willst, musst du ohne Angst sein. Geh mit meinem Segen nun.«

Und er spürte, nachdem er sie verlassen hatte, dass er wirklich keine Angst mehr hatte. Der Wald war tief und voller Täler und Anhöhen. Voller Geheimnisse, die ihn locken oder zerstören konnten. Immer tiefer gelangte er in den Wald, umgeben von knackenden Ästen, grasenden Hirschen, und über ihm schwebte ein mächtiger grauer Falke. Der Junge empfand diesen als seinen Beschützer, und so fand er in der tiefsten Stelle des Waldes eine Höhle, vor deren Eingang ein Bach floss. Drei Frauen saßen dort, spielten miteinander und lachten. Ihre Kleidung schwebte wie Seegras im Wasser um ihre Körper, in ihren Augen schien die Tiefe der Seen zu sein. Ihre Stimmen waren hell wie Glöckchen.

»Guter Jüngling, komm, spiel mit uns!«, riefen sie ihm zu.

Doch der Junge spürte ein Unbehagen.

»Ich ehre euch, ihr Wasserfrauen, doch bitte ich euch um Segen auf meiner weiteren Reise«, sprach er voller Ehrerbietung.

Die drei Wasserfrauen schwebten zu ihm, wie Nebel, der auf dem Wasser gleitet und umringten ihn. Sie bildeten einen Kreis und fassten sich an den Händen. Ihre Stimmen verschmolzen zu einem Chor, der sang: »Bei den alten Mächten bist du geborgen, mag der Weg noch so sein verworren. Wir segnen dich mit unserer Macht, sie hat schon vieles geschafft. Nun geh mit unserem Segen fort, hinein in den dunklen Hort.«

Sie verließen ihn wie ein Gewitter, das aufgezogen und wieder verschwunden war. Der Junge fühlte sich ermutigt und trat nun in die Höhle ein. Es war nicht dunkel, denn Steine und Mineralien leuchteten im sanften Schein um ihn her. Ein seltsames Flüstern erfüllte die warme Luft.

»Hallo?«, fragte der Junge in die vom Flüstern erfüllte Dunkelheit.

»Wir sind die Erde, umfangen stirb und werde. Wir sind eins mit unserer Erde und sie trägt uns gerne. Menschenkind, gehe fort, denn was suchst du hier an diesem Ort?«

Es klang in den Ohren wie ein Gedicht aus alten Sagen und Tagen.

»Ich komme von weit her, das Herz es ist mir in der Brust so schwer. Ich komme aus dem Dorf am Grund, mein Vater ist krank, wird nicht gesund.«

Weiter ging er hinab, fühlte sich in der Höhle und dem Gang sehr geborgen. Sollte er nicht Angst haben? Immerhin näherte er sich einem Drachenhort. Drachen waren alles, aber nicht gut. Sie waren mächtig und zauberreich. Schlau und uralt. Wesen des Feuers und der Luft mit glühenden Herzen und Schuppen, hart wie die Klingen der Schwerter. Drachen waren Mächte, die man fürchten sollte; das wurde dem Jungen beigebracht.

»Geh weiter, Kind, gut ist dein Wille, dein Herz wurd erkannt in der Stimme der Stille, zwischen Herzschlag und Herzschlag. Nun geh voran und wag.«

Die Stimmen der Steine verklangen und er blieb allein zurück, nur begleitet vom Leuchten der Mineralien. Der Junge setzte seinen Weg fort, bis er zu einem Gewölbe kam. Hoch wie das Innenschiff einer Kirche war es, sein Schritt hallte wider . In der Mitte, umgeben von Rauchquarzen und Amethysten, saß an einem prasselnden Feuer eine Gestalt.

»Hallo …?« Der Junge kam näher.

»Tritt ruhig näher und wärm dich auf«, sprach die Gestalt mit warmer Stimme.

Mit einem leichten Schauer, den er nicht einordnen konnte, setzte er sich zu der Gestalt ans Feuer. Er sah vor sich einen älteren Mann, der seltsam zeitlos wirkte.

»Nach langer Reise sollte man sich an einem Feuer aufwärmen. Das sagten schon seit uralten Zeiten die Großmütter, da das Feuer

Segen spendet«, sprach der Alte und rührte in einem großen, aus Eisen gefertigten Kessel. Es duftete herrlich und der Jüngling verspürte doch Hunger. Ohne seine Frage abzuwarten, gab der Alte ihm eine Tonschüssel.

Die Suppe, stellte der Junge beim Trinken fest, schmeckte krautig-würzig und erfüllte nicht nur seinen Körper mit Wärme.

»Ich suche den Drachen, der hier in dieser Höhle wohnen soll. Ich muss ihn besiegen, um an den Drachentrunk zu kommen.«

Der alte Mann schnaubte, sah mit vom Feuer glühenden Augen zu dem Gast.

»So? Du glaubst, dass man alles besiegen muss, was älter und magischer ist als du? So kommst du nicht weit und nicht an dein Ziel«, sprach der alte Mann mit grollender Stimme. »Alles, was lebt, ist Teil der Göttin Erde. Sie ist die Mutter von Frauen, Männern, Kindern, den Welten innerhalb der Welt. Vom Großen bis ins Kleinste. Ihr Gemahl ist der Himmel, in Liebe und Vertrauen begegnen sie sich jeden Tag in jedem, was lebt.«

Tiefe Weisheit sprach aus dem Alten. Eine uralte Weisheit. Der alte Mann lächelte und seine Augen schimmerten grün wie das frische Gras.

»Lebe eine Zeit bei mir, Junge, und ich werde sehen, wie ich deinem Vater helfen kann.«

So tat der Junge das. Der Alte lehrte ihn die Sprache der Mutter Erde, zeigte ihm das Sammeln von Heilkräutern zur richtigen Zeit, den Lauf des Jahresrades und die Zeichen des Sturmes. Während er ihn all dies lehrte, beobachtete er die Redlichkeit des Jungen. Er war flink im Denken, verstand all die Lehren aber auch im Herzen.

Er nahm das Wissen auf wie die kleinen Kinder die Milch der Mutter. So verging die Zeit, und der Junge vergaß seinen Wunsch, den Drachen zu fangen und zu töten.

Zur Zeit von Jule, der Wiedergeburt der heiligen Flamme und des heiligen Kindes, sprach er den Alten an: »Ich habe viel bei Euch gelernt, Meister, nur nicht, einen Drachen zu töten. Stattdessen lernte ich die Liebe zu allem, was lebt. Würde ich ihn finden, ich würde ihn bitten, mir zu helfen, falls es noch Hilfe für meinen Vater gibt.«

Der Alte nickte und entfachte mit seinem Atem ein Feuer in der Mutterhöhle. Die Schatten tanzten um ihn und der Alte wurde groß und größer, bekam Schwingen und Schuppen. Uralt und mächtig stand der Drache nun vor ihm. Der Junge kniete in Ehrfurcht nieder.

»Helft mir, Flammenmeister, ich bitte euch ...«

Der Drache kannte das Herz des Jungen; als Mensch hatte er ihn kennengelernt, und er sah die Seele und den Ursprung, den sie teilten. So gab der große weise Drache dem Jungen den Drachentrunk, ein Gemisch aus der Energie der Erde, den Flammen seines Drachenherzens, aus den Lüften der Berge und dem Wasser des entfernten Meeres.

»Gehe nun, und vergiss unsere Zeit nicht und unser gemeinsames Lernen.«

Der Junge umarmte den Drachen, als er extra für ihn wieder menschliche Gestalt annahm, lang und innig. Dankte ihm für alles. Der Weg nach Hause war voller Zeichen und Wunder, und der Junge sah überall die Verbindungen des Lebens, die Schönheit in hell und dunkel. Als er das Haus seines Vaters erreichte und ihm den Trank des Drachen gab, wurde er im Dorf als weiser Mann anerkannt und geehrt.

Die Zeit verging und der Junge reifte mit den Jahreszeiten. Hin und wieder sah man bei ihm einen seltsamen alten Mann und sie saßen gemeinsam unter einer Birke. Dann flog segnend über dem Dorf ein merkwürdiger Schatten. Diese Geschichte erzählt man sich bei uns im Dorf noch heute.

***